社会主义核心价值体系建设
"双百"出版工程

项 目

/ 100 位

新中国成立以来感动中国人物/

罗 健 夫

云莉　王新英/编著

★

吉林文史出版社

《100位新中国成立以来感动中国人物》丛书

★★★★★

编 委 会

前　言

　　每个人的心中都多少有一点英雄情结，都向往英雄、景仰英雄。也正因此，在中华人民共和国建国六十周年之际，由中央十一部委联合组织开展的"100位为新中国成立作出突出贡献的英雄模范人物和100位新中国成立以来感动中国人物"的评选活动中，群众参与投票总数近一亿。这其中的每一张选票，都表达了人们对英雄模范的崇敬之情，寄托着对伟大祖国的美好祝福。

　　一个民族不能没有英雄，否则这个民族就不会强大。当国家危难之时，懦弱者选择了逃避、妥协甚至投降，英雄们却挺身而出，用热血捍卫民族的尊严，人民的幸福。在创立和建设新中国的伟大历程中，涌现出无数可歌可泣的英雄模范人物。他们之中，有为了民族独立和人民解放而英勇牺牲的革命先烈，有为了党和人民的事业而不懈奋斗的优秀共产党员，有在全民族抗战中顽强奋战、为国捐躯的爱国将士，有英勇杀敌的战斗英雄和革命群众，有积极从事进步活动的著名民主爱国人士和国际友人……他们是民族的脊梁、祖国的骄傲，是激励全体人民团结奋斗的精神力量。

　　《100位新中国成立以来感动中国人物》丛书，就像一部星光璀璨的英雄谱，真实、完整地记录了英雄模范人物不平凡的一生，再现了他们非凡的人格魅力和精神世界。舍身堵枪眼的黄继光，拼命也要拿下大油田的王进喜，中国原子弹之父邓稼先，新时期领导干部的楷模孔繁森……一串串闪光的名字，一个个动人的故事，犹如群星闪烁，光耀中华。

　　当今中国正处于伟大变革的时代，迫切需要涌现出一大批勇于承担历史使命、为祖国和人民奉献一切的先进人物。在"双百"人物崇高精神的引领下，在建设社会主义现代化国家的征程中，必将英雄辈出。

生平简介

罗健夫（1935-1982），男，汉族，湖南省湘乡县人，中共党员。生前系原航天工业部 771 所工程师。

罗健夫 1951 年 7 月参军，1962 年 12 月调中国科学院西北计算机所，1975 年调七机部 771 所。1969 年，罗健夫作为课题组组长开始研制国家空白项目——图形发生器。1972 年、1975 年，先后研制出第一台"图形发生器"、"Ⅱ型图形发生器"，为我国航天工业作出重大贡献。罗健夫对工作兢兢业业，脚踏实地，把个人的待遇、荣誉、地位置之度外，他是Ⅰ、Ⅱ、Ⅲ型图形发生器课题负责人、主要设计者和研制者，但在呈报科研成果时要求不署自己名字，3000 元奖金也一分不取。婉言谢绝吸收他为中国电子学会成员，并两次让出评高级工程师的机会。在攻关日子里，罗健夫每天只睡四五个小时，全部业余时间用来刻苦读书、翻阅资料、思考设计。为了事业，罗健夫把个人生活简化到不能再简化，身上穿戴的仍是当年部队发的旧军装。家人为他添置衣物的钱，常常被他用来买了科研需要的书籍。1982 年 6 月 16 日，正在调试设备的罗健夫突然病倒，被诊断为晚期淋巴癌，医治无效去世，年仅 47 岁。他获得全国科学大会奖，被追授全国劳动模范荣誉称号。2009 年 9 月 14 日，他被评为 100 位新中国成立以来感动中国人物。

1935-1982

[LUOJIANFU]

◀ 罗健夫

目 录 MULU

壮哉罗健夫（代序）

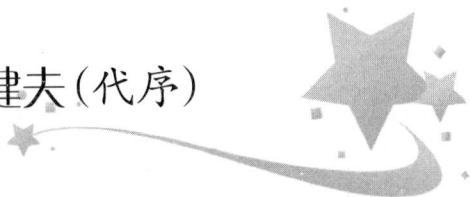

　　1982 年 11 月 9 日王首道同志曾在《工人日报》上为罗健夫赋诗一首：

　　　　壮哉罗健夫，精神天地歌。

　　　　路阔光明大，人杰锦绣多！

　　罗健夫是怎样一个人呢？罗健夫，生前是一名普通工程师、共产党员，二十多年如一日，按照自己的入党誓言一字一句地进行共产主义实践。

　　20 世纪 60 年代，国家的航天事业处于发展阶段，但没有图形发生器，航天事业就难以发展。1969 年，罗健夫和科研小组承接了图形发生器研制任务。在逆境中他忘我无私，英勇献身，带领科研组的同志于 1972 年研制成功我国第一台图形发生器，填补了电子工业的一项空白，1975 年又研制成功 II 型图形发生器，1978 年受到全国科学大会的奖励。

　　他不为名，不为利，在科研成果面前，让荣誉，不要奖金，不搞技术封锁，表现了高尚的科研道德。在报考技术职称、提升工资、任命职务、派遣出国、分配住房等方面，都主动谦让，并以自己的行动抵制不良风气。他身患晚期癌症，仍以顽强的意志想着国家，想着集体，想着他人，为党的事业奋斗到最后一息。

　　2003 年的一天，在西安市烈士陵园，一位年近七旬的老妇人在女儿的陪伴下，未惊动任何人，静静地捧着罗健夫的骨灰盒坐上了开往湖南的列车。罗健夫一生不愿给组织添麻烦，23年后，他的妻儿依然不愿为他迁葬家乡而惊动组织。

今天，图形发生器已被CAD技术取代。明天，图形发生器可能会被遗忘。但是，罗健夫的名字将永远被我们铭记。

壮哉罗健夫！我们的时代呼唤着新时期的罗健夫！我们新时期的年轻人更应该学习罗健夫身上所闪烁的这种精神，胸怀共产主义理想，坚定共产主义信念，在自己的工作岗位上，踏实肯干，干一行，爱一行，精通一行，因为在平凡的岗位上也能做出不平凡的事业。

从懵懂少年到知识青年

→ 懵懂少年

★ ★ ★ ★ ★

罗健夫，一个地地道道的三湘子弟。1935年8月30日（农历8月2日），罗健夫出生在湖南省湘乡县南正街（今湖南省湘乡市昆仑桥办事处南正街）一个普通城市贫民家庭。

罗健夫的父亲名叫罗兆襄，略通文墨，能识文断字。父亲为了养家糊口，不得已在当时旧军阀的部队里面找了一份差事，当了一名普通的干事文人。母亲黄百炼则是一名普普通通的家庭妇女。旧军阀部队四处打仗，罗兆襄迫于生计也只好带着妻子黄百炼和年仅 3 岁的罗健夫离开家乡湘乡，随同旧军阀部队辗转四处，到处漂泊。从 1938 年开始的八年间，年幼的罗健夫跟随着父母四处漂泊，先是辗转于泾渭流域的韩城、邠县、宝鸡等地，而后漂泊于巴山蜀水和滇黔高原。罗健夫的童年就是在这种颠沛的旅途中一天天度过的。直到 1946 年 6 月 6 日，不满 11 岁的罗健夫才结束这种漂泊的生活，回到已经阔别八载的故乡——湘乡。

但是，回到阔别已久的故乡并不意味着罗健夫一家可以过上稳定的生活。在那个动荡的年代，国家满目疮痍，民生凋敝，为了生计，父亲罗兆襄又再次带着妻子北上山东谋求生路。这次外出谋生，夫妻二人没有带上年幼的罗健夫，因为父母想刚刚结束八年的漂泊生活，年幼的罗健夫需要一个稳定的生活环境，因此罗健夫被留在湘乡老家。年幼的罗健夫聪颖好学，也善于遐想，但是八年在外漂泊的生活使他的学业一直断断续续，加之父亲罗兆襄教育他时不可避免地夹杂着一些陈旧观念，使得刚刚进入校园开始接受正规学校教育的罗健夫并不能很快适应。在迷茫之

从懵懂少年到知识青年

中，年幼的罗健夫一头扎进剑侠小说的奇幻世界里，啸傲山林的隐士、行侠仗义的剑客成为当时罗健夫幼小心中的"偶像"。由于父母不在身边，缺少了家长的督促与管教，徜徉在奇幻剑侠世界里的罗健夫经常旷课，这就使他的学业不可避免地受到了影响。因为罗健夫经常旷课而使得学业不佳，1948年7月学校以"学习成绩特劣"为由将他除名，随后他的生活中也泛起了一场波澜。

母亲因为挂念家中年幼的孩子，此时已经从山东返回湘乡老家。这天，辍学在家的罗健夫趁母亲外出不在家，偷偷包上几件衣物，约上了三个同学打算前往四川峨眉山，到那里拜师修道练剑，做一个啸聚山林的剑侠。正当罗健夫要离开家门之时，母亲回来了。当淳朴善良的母亲得知罗健夫要离家出走、上山学剑的时候，悲愤交加，她严厉斥责了当时年仅12岁的罗健夫。罗健夫是一个孝顺父母的孩子，看见母亲悲愤的表情，听着母亲发自内心的教导，前一秒钟要上山拜师学剑的冲动想法一下子消失得无影无踪，他向母亲承认了自己的错误。年幼的罗健夫虽然打消了上山拜师学剑的念头，但是在那个动荡的岁月里，对未来的迷茫仍旧困扰着这个懵懂少年。

　　发生了"上山学剑事件"之后，母亲便将辍学在家的罗健夫送到了自己父亲黄骏尔家中，希望外祖父能对罗健夫言传身教，帮他树立一个正确的志向。罗健夫的外祖父黄骏尔是一名普通的铁路扳道工，他为人淳朴、正直。罗健夫的到来让老人十分高兴，但是当这名干了30年扳道工的老人听说外孙因为钦慕神仙和剑客不仅荒废了学业，而且还要荒唐地离家出走上山拜师学剑、做一个啸聚山林剑侠的时候，和蔼的老人顿时严肃了起来。外祖父黄骏尔严肃地批评了年幼的罗健夫。老人家说道：傻孩子！哪里有神仙、剑客。咱们穷人还得凭自己的双手。在接下来的日子里，黄骏尔老人不断用朴实的话语和自身的行为教育罗健夫做人要正直、诚实，更重要的是要学有所长。外祖父朴素的语言、真诚的教导以及自己的身体力行在罗健夫幼小的心灵中产生了很大触动，他暗下决心，将来要做一个正直的人，诚实的人，更要做一个靠自己本事自食其力的人。

→ 进步青年

★★★★★

1949 年 2 月，未满 14 岁的罗健夫插班到了湘乡中学初中一年级。这时，全国解放的曙光已经在逐步照耀着祖国大地，人民解放军嘹亮的号角声已在长江北岸吹响。此时，湘乡中学里面进步的青年学生也在党的思想的感召下进行着积极的学生运动。

罗健夫在湘乡中学学习期间，接触到了许多进步青年，其中和他接触最多、对他影响最大的是进步青年江斌。江斌在和罗健夫的交往过程中，经常向罗健夫讲述革命道理，这些都使罗健夫深受启发和教育，也使他的思想逐步成熟，对自己未来要走一条怎样的道路也逐渐有了一些清晰的认识。1949 年 4 月 1 日，国民党反动派制造了南京"四·一惨案"。作为一名积极争取进步的青年，罗健夫积极地投身到湘乡人民"反饥饿、反内战、反迫害"的游行活动中。

1949 年 9 月罗健夫的家乡湖南湘乡解放了。湘乡解放后，沐浴在胜利阳光中的青年罗健夫更加积极地参与到学校组织的各项政治活动中，在思想上也更加成熟。1950 年 12 月，15 岁的罗健夫由已经成为湘乡中学学生会主席的江斌介绍正式加入了中国新民主主义青年团，这是他在成长道路上迈出的重要一步。

→ 普通一兵

★★★★★

　　1950 年 6 月 25 日，朝鲜战争爆发。随着战争的升级，战火逐渐向新生的中华人民共和国国境线燃烧。1950 年 10 月 19 日晚，中国人民志愿军渡过鸭绿江，保家卫国的抗美援朝战争随之打响。

　　1951 年，16 岁的罗健夫怀着"抗美援朝，保家卫国"的无比热忱报名参加了中国人民解放军。在大家的欢送声中，身戴大红花的罗健夫奔赴军营。当罗健夫到达目的地后，他有些失望，因为在他面前的并非硝烟弥漫的鸭绿江彼岸，而是一片和平宁静的武汉后勤学校校园。他不是要去前线冲锋陷阵，而是要学习会计专业。想成为战斗英雄愿望的破灭使罗健夫一度变得有些气馁，对自己的学习有些放松。军校的党组织及时发现了罗健夫的这种状态，队长、指导员对他进行了耐心的教育和帮助，战友们与罗健夫也进行了真诚的交谈。这时，罗健夫也开始系统地学习马列主义、毛泽东思想的著作，同时他还阅读了许多像《钢铁是怎样炼成的》、《把一切献给党》、《卓娅和舒拉的故事》、《海鸥》等介绍、歌颂革命英雄人物的书籍。书中英雄人物高大的形象一个个闪现在他的眼前，剑侠隐士已经不再是罗健夫心中的"偶像"，他眼前已经展现出一片更为广阔的新天地，心中升腾起更加炽烈的革命热忱。

其中罗健夫最喜爱阅读的当属奥斯特洛夫斯基所著的《钢铁是怎样炼成的》一书。书中的主人公保尔·柯察金有很多名言：

"对我来说，没有比做一名战士更大的幸福了。个人的一切都不会永葆青春，不能像公共事业那样万古长存。

在为实现人类最大幸福的斗争中，要做一名永不掉队的战士，这是最光荣的任务和最崇高的职责！"

"人最宝贵的是生命，生命对于我们只有一次。人的一生应当这样度过：当回首往事的时候，他不因虚度年华而悔恨，也不因碌碌无为而羞愧；在他临死的时候，他能够说：'我的整个生命和全部精力，都已献给世界上最壮丽的事业——为人类的解放而斗争。'"

保尔·柯察金所说的这些名言在罗健夫的内心中产生了强烈的共鸣，他将这些质朴的语言作为自己的立身之本，保尔·柯察金也被他视为做人的楷模，革命事业从此成为他生活的第一位。

1953年4月，不满18岁的罗健夫从武汉后勤学校毕业。毕业后，他服从组织分配，来到了祖国大西北甘肃的祁连山下，在山丹军马场里面当起了一名普通"牧马人"。

新中国经过三年的经济恢复时期，在国民经济迅速恢复和发展的基础上，1953年国家编制了发展国民经济的"第一个五年计划"，同时党中央提出了"向科学进军"的口号。祖国日新月异的发展、蓬勃的社会主义经济建设景象一次次激发着青年罗健夫的青春热血。罗健夫再次翻开了参军时湘乡中学团支部赠送给他的由列宁撰写的《青年团的任务》一书，书中他用红笔画杠的那段话再次映入他的眼帘：

　　"每个青年必须懂得，只有受了现代教育，他们才能建立共产主义社会，如果不受这样的教育，共产主义仍然不过是一种愿望而已。"

　　再次读到列宁教导青年的这句警句，罗健夫清楚地认识到，只有刻苦学习，提升自身文化知识水平才能胜任今后党和国家交给自己的一切任务。为此，在山丹军马场工作的日子里，罗健夫几乎把他所有的业余时间都用在了学习上。每天晚上他都要学习到深夜，就连在中午休息时间，也是吃完午饭后就立刻回到办公室看书学习，只是在上班前十来分钟才会躺到办公室的长凳上简单休息一下，以免影响下午军马场的日常工作。罗健夫就是靠着这种珍惜时间和一股子拼命劲，只用了两年时间就在初中二年级文化程度的基础上，自学完成了高中的全部课程，达到高中毕业水平。

在身着橄榄绿的五年时间里，罗健夫不但出色地完成了自身会计专业的学习和业务工作，还养成了顽强刻苦学习的习惯，并且在日后的工作学习中一直保持着这种习惯。不但如此，他通过学习和阅读马列著作牢固地树立了正确的人生观和世界观，思想境界有了很大提高。1951年父亲罗兆襄去世时，罗健夫的妹妹在上中学，两个弟弟还在上小学，母亲只能独自承担起家庭的重担，生活十分艰辛。一次，母亲在给罗健夫的信中希望他能给家中寄回些钱。但是，当时军队实行的是供给制度，战士没有薪金，作为普通一兵的罗健夫更是囊中羞涩、分文皆无。部队的领导得知这一消息后，就补助给罗健夫一些钱款，让他寄回家中，以解燃眉之急。

事后，罗健夫在给母亲的信中这样写道：

我参军不是为了解决家庭的经济困难，而是为了革命。家里困难，但国家也很困难，我们应想办法自己克服困难，以后不要再给组织上添麻烦了。

后来，罗健夫回忆这段绿色军营生活时曾深情地说道：

"部队近五年的生活，是我一生中最值得留恋的日子。多年来我母亲为我和妹妹、弟弟，含辛茹苦，很不容易，我想念她。可母亲只给了我肉体；党，却给了我真正的生命……"

→ 知识青年

★★★★★

罗健夫在山丹军马场两年的刻苦努力没有白费，通过自身勤奋学习，1956

年 7 月罗健夫以优异的成绩考入了西北大学物理系。

西北大学坐落于古都西安。西安是举世闻名的世界四大文明古都，闻名中外的大雁塔、小雁塔、碑林都坐落在这里，这些名胜恰恰是中外游客流连忘返的去处。8 月底，23 岁的罗健夫从生活了三年的祁连山来到了古都西安。到达西安之后，罗健夫没有去参观大雁塔、小雁塔，也没有去游览碑林，而是以满怀欣喜的心情参观了西北大学的教学楼、实验室和图书馆，明亮的教学楼、设施齐全的实验室、藏书丰富的图书馆，这些都一次又一次地激起了青年罗健夫强烈的求知欲望。

罗健夫入学后，一直担任班长和民兵连长的职务，逐渐增多的社会工作占用了他大量的学习时间。随着大学紧张学习生活的逐步开展，依靠自身努力自学成材的罗健夫在学习上显现出一些吃力，成绩只能算是班级里的中下等。罗健夫深知只有通过付出比其他人更多的学习时间才能迎头赶上，完成学习任务。"书山有路勤为径，学海无涯苦作舟"这句古语成为罗健夫鞭策自己抓紧时间努力学习的座右铭。

为了弥补被社会工作占用的学习时间，罗健夫经常开夜车，常常学习至深夜。晚上学习，他经常像"打游击"一样，图书馆关门了就到教室，教室锁门了，他就回到寝室。每次当他回到寝室的时候，同学们往往早已进入了梦乡，为了不影响其他同学休息，他就用纸把灯光挡起来，在微弱的灯光下继续学习。罗健夫在大学时经常说的一句话就是"我愿用金钱来买时间"。这句实实在在的大实话，形象生动地反映出他对时间的珍视。凭着自身这股刻苦、顽强的求学精神，在大学二年级的时候，罗健夫就已经可以借助字典阅读俄文版的《普通物理》；当他大学毕业的时候，罗健夫原子物理专业课的成绩已经由入学时的中下等水平一跃成为全班最好。正因为如此，罗健夫被同学们称为"全年级最用功的学生"。

四年的大学生活中，罗健夫不仅学习成绩优异，而且一直也没有放松对自己思想的提升。1959 年 4 月 16 日，是罗健夫终身难忘的一天。这天，23 岁的罗健夫在鲜红的党旗下面庄严地宣誓，正式成为一名光荣的共产党员。这是对他 23 年生命历程的一个最高评价和奖赏，也是他今后生活的新起点。罗健夫在入党志愿书上写下了这样的话语："我决心把自己的一切（连同生命）献给党、献给党的事业，忘我无私地为人民利益工作。我要更加努力学习政治理论，彻底铲除一切资产阶级思想意识，确立共产主义世界观和人生观，使自己永远成为一个真正符合共产党员标准的人，我还要用共产党员的态度对待工作，掌握现代化科学知识和劳动本领，以便在建设社会主义和迈向共产主义的大道上，胜任党交给我的一切任务。"从这天开始，罗健夫成为了一名名副其实的共产主义战士，在日后的生命历程中他也是一丝不苟地履行着自己的誓言。

1959 年 10 月，为迎接建国十年大庆，西北大学举办了教育成果展览会。罗健夫作为全校"三好"标兵，西北大学在这次展览会上专题展出了他德、智、体全面发展的模范事迹。

→ 选择未来

☆☆☆☆☆

　　1960 年 7 月，罗健夫以优异的成绩从西北大学物理系毕业。这时 24 岁的罗健夫已经从普通一兵成长为一名具备科学文化知识、充满革命理想和热忱的共产主义战士和知识青年。

在面对就业和选择未来道路的问题上，罗健夫没有像时下一些年轻人一样一门心思地盯着那些报酬高、待遇好、压力小的工作。他并未因为自己成绩优秀而选择工作压力少、报酬多的工作岗位，没有选择生活条件优越的大城市，而是要到祖国最需要、最艰苦的地方去，报效国家，回报社会。

　　罗健夫用朴实的言语，真实地表达着自己要到祖国最需要、最艰苦的地方去，报效

◁ 1962年9月7日罗健夫在西北大学图书馆门前的留影。罗健夫在照片背后写了这样一行字："图书馆是最值得留恋的。"

国家、回报社会的真实意愿，他写道：

……

> 让我去吧，亲爱的党，
>
> 我愿意走进山区的教室，
>
> 也愿意到高原的厂房，
>
> 到科学院诚高兴，到农业社也将同样。
>
> 哪里都是祖国，哪里都是家乡。
>
> 我急切地等着党的命令，时刻想背起
>
> 行装，像一个就要出征的战士，
>
> 激荡的心啊，早已飞向前方。

……

罗健夫不仅仅用言语表达自己的择业志向，他也同样是这样做的。他在毕业志愿上郑重地写下：延安。延安，不仅是红色革命的根据地、革命老区，也是新中国建设最需要人才的地方。但是罗健夫的母校并未将他分配到延安，而是留在西北大学任教。具体的工作岗位也不是他大学四年所学习的原子核物理专业，而是担任无线电电工学的实验教师。虽然，没有去延安，也没有从事本专业，但是罗健夫依然愉快地服从了组织的分配，面对跨专业的新工作领域，他也做好了充分的准备，未来他将面对的仍是需要付出极大艰辛和努力的道路。

科学工作者的榜样

→ 勇担重任

★★★★★

前苏联著名作家高尔基曾说过："一个人追求的目标越高，他的才力就发展得越快，对社会就越有益。"罗健夫就是这样一个人，他在攀登科学事业高峰的过程中无畏无惧，显示出社会主义科学工作者应有的素质。1969年底，罗健夫和科研小组在一无图纸、二无样机的情况下，承担了我国首台图形发生器的研制任务，从此开始了长达三年艰苦攻关历程。

1969年底，罗健夫和非标准设备研

制组承担了图形发生器的研制任务。罗健夫和小组的同事们面对的是一项意义重大而且十分艰巨的任务。说这是一项意义重大的任务是因为图形发生器在微电子学领域具有重要意义，而且关系到祖国航天事业的发展。图形发生器是研制和发展半导体大规模集成电路的关键设备，是制作半导体大规模集成电路掩膜版的专用设备。这种半导体大规模集成电路掩膜版，是一种高精度、分辨率要求很高的底版。如果采用人工制作，要先放大数百倍，然后画图、刻版、照相、再初缩，最后精缩到 1：1，这样下来整个制作周期一般需要六个月到一年，人工制作不仅耗费人力、物力，耽误时间，最重要的是无法百分之百确保质量。如果图形发生器研制成功，技术人员只需要向计算机中输入预先设计好的版图对角两点坐标，机器就会按程序曝光形成图形，只需要几个小时就可以制出需要的初缩掩膜版，不仅节省大量时间，而且准确度高。简单来说，如果没有图形发生器要研制和发展半导体大规模集成电路，几乎是不可能的。

说这是一项十分艰巨的任务是因为罗健夫和他所带领

的小组是在十分薄弱的基础上进行研发。为什么这么说呢？因为涉及到国防某些领域，当时国外"禁运"图形发生器产品，国内一无图纸，二无资料，更无样机。同时，要研制图形发生器需要具备电子线路、自动控制、精密机械、应用光学、集成电路工艺等多方面专业知识，最重要的还必须精通计算机。这对于原子核物理专业出身的罗健夫无疑将会是一项极具挑战性的任务。此外，还有一个不可忽视的因素，就是当时的科研环境十分不理想。当时罗健夫所在单位刚刚从北京搬迁到陕西临潼，科研和生产条件比较差，而且60、70年代特殊的政治环境也使许多人思想不安定，不专心于业务工作。

所以说，罗健夫和他所带领的小组承担的是一项填补国内空白、赶超世界先进水平、意义重大而且十分艰巨的项目。可想而知，罗健夫肩上的压力是何等巨大。承担这项重任之后，为了早日研制成功图形发生器，为了填补中国电子工业的一项空白，发展祖国的航天事业，罗健夫投入了比以往多十倍甚至百倍的精力到研发工作之中。

罗健夫在西北大学的四年主修原子核物理，参加工作后先后从事过电子管稳压电源、超声压焊机，但图形发生器对他来说是陌生的，是一个全新的、有待探索的领域。作为科研组组长，许多专业知识需要他从头学起。为了尽快掌握各种相关专业知识，罗健

◁ 罗健夫在工作。在这张照片背面罗健夫题了字："在实验室里聚精会神。"

夫把自己的睡眠时间压缩到不能再压缩的程度。罗健夫在单位宿舍住所的灯总是最后一个熄灭，最先一个亮起，他一连数年每天只睡四五个小时。深夜时分，居住在单位宿舍区的同志们半夜从梦中醒来常常还能依稀看见罗健夫在窗前伏案的身影；清晨时分，当大多数人还未醒来的时候，罗健夫已经长跑回来，洗完冷水澡，开始了新一天紧张的工

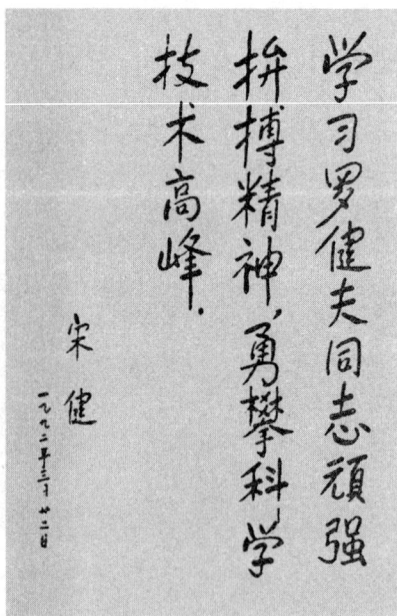

学习罗健夫同志顽强拼搏精神，勇攀科学技术高峰。

宋健

一九九二年三月二十二日

◁ 宋健1992年3月22日为罗健夫题词

作和学习。罗健夫的单位搬迁到临潼后，他依然和在西安的妻子女儿过着两地分居的生活。为了挤出更多的时间来学习，罗健夫每一个半月才回西安一次，而且一次就要骑自行车走35公里。每次回到西安，除了帮助妻子料理家务，其余的时间他都用在去新华书店购买图书和去图书馆里查找资料上。时间一长，新华书店科技部和图书馆的同志们都认识了他，一旦有了他要的一些参考书和资料，就都主动给他留下来。

罗健夫不仅抓紧时间学习，而且还虚心向周边同志学习。为了掌握计算机专业知识，罗健夫除了虚心向单位的同志们学习，还主动向从事计算机工作的爱人陈显万请教计算机原理和应用技术。就这样，罗健夫从最基础的二进制开始学起，一直到掌握130计算机的逻辑设计。

凭借着罗健夫这种孜孜以求、废寝忘食

的学习精神，他很快地掌握了各种研制图形发生器的必备专业知识，同时对图形发生器这个研究课题也从最初的简单了解逐步深入到比较熟悉的程度。

→ "国王"风波

★★★★★

20世纪60、70年代国内政治风波不可避免地对科学界产生了影响。一些年轻的技术人员荒废了业务，参加"造反"活动。罗健夫不忍看见青年人将美好青春荒废于此，他便真心地规劝那些参加"造反"活动的青年人说："跟着人家瞎跑什么！相信党迟早会纠正这个扩大打击面的错误。你们坐下来，读读马列、学学业务知识，别虚度了青春……"当然也有人不理解罗健夫的做法，甚至指责他只顾埋头业务，不问政治的倾向，他微微一笑回答说："那要看你们搞的是什么政治了……"

同样，这场旷日持久的政治风波也影响到了罗健夫，在他平静的生活里掀起了一场"国王"风波。1970 年，在罗健夫带领科研小组进行图形发生器课题攻关的紧张时刻，一个意外发生了。当时研究所的革委会领导突然决定调走科研小组里面专门从事计算机试制工作的技术员。要知道，计算机是图形发生器的控制部分，没有人负责计算机将无法完成图形发生器的研发工作。革委会的这一做法简直就是釜底抽薪，罗健夫坐不住了，他几次找革委会领导从工作角度出发，据理力争，申诉理由，希望不要调走这名技术人员。在当时的特殊环境下，罗健夫的这些举动竟成了他"臭老九翘尾巴"的"罪状"。于是，罗健夫被扣上了"无组织无纪律"、"大搞独立王国"等帽子，随之而来的是他被大会点名、科室批判，甚至研究所院墙上张贴满了"打倒独立王国国王罗健夫"的大字报、大漫画。

小组负责计算机试制工作的技术员被调走使研发工作陷入困境，自己又被扣上了"大搞独立王国"帽子，这预示着罗健夫他们的前行之路必将不会一帆风顺。这时，罗健夫的二女儿刚刚降生，家中没人照看；自己的原工作单位西北计算机所也提出要调他回去。沉重的政治压力、研发工作面临的阻力、家庭的困境都使罗健夫陷入了极大的苦闷之中。作为一个普通人，罗健夫自身也进行着激烈的思想斗争，他面对当时的情况也曾产生过一走了之、卸下肩上的包袱回到西北计算机所工作的念头。但是想到自己是共产党员，想起自己在鲜红党旗下的誓言，他没有选择逃避，而是抛开所谓"独立王国"的是非曲直不谈，真心实意地在大家面前作了一次检查。他说："我是有错误的。我的错误就是缺乏顶着困难上的勇气。搞计算机的同志走了，我为什么不想着自己顶上去干呢? 要搞图形发生器，不是为你，不是为他，是为国家的需要。既然承担了任务,就要干到底。"

短短数语，将罗健夫作为共产党员的高风亮节、严于责己的博大胸襟展现无余，他以自身无所畏惧的共产党员的气概感动了在

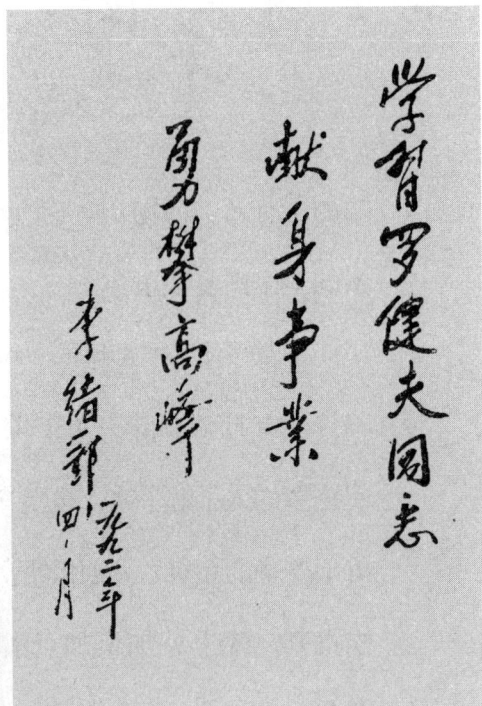

▷ 1992年4月
年李绪鄂为罗
健夫题词

031
科学工作者的榜样

场的所有人。一场"国王"风波平息了，研制组的工作恢复了正常。

平静生活中掀起的一场"国王"风波，不仅没有打消罗健夫勇于探索的热情，反而使更多的人了解了他，也更敬佩他无私奉献、勇于攻坚的精神。从此以后，他白天写检查、挨批判，晚上就加班加点钻研业务，他的态度和行动使全组的同志深受感动。在罗健夫的带领下，在他精神的感召下，整个科研小组顶住来自外界的压力，不分昼夜连续奋战四个月，终于完成了控制用计算机的制作。又经过两年刻苦攻关，在 1972 年罗健夫和科研小组研制出我国第一台图形发生器，填补了我国微电子学领域的一项空白。

→ 严谨的科学态度

★★★★★

无论是顺境还是逆境，罗健夫都坚持着严谨的科学态度，表现出一个社会主义科学工作者应具备的素质。

在 1971 年五一节到来前，单位研究室个别好大喜功的领导要从所谓"政治需要"出发，将罗健夫和他的科研小组研制的一件只做好机器外壳的设备安装上指示灯和开关，当做成品拿出去进行展览，以此向五一节献礼。当时恰巧罗健夫不在，小组里的其他同志迫于上级压力，无奈同意了领导的要求。罗健夫回来得知这一事情后，十分生气，坚持要把这件只有外壳的设备撤回来。有的同志好心地劝他，刚刚经历"国王"风波，又受了批判，让他不要太认真了，免得自找麻烦，再次惹祸上身。听到这些，罗健夫十分严肃地说："受了批判，要正确地接受教训，不能从反面接受错误的东西。还是照郭沫若同志说的，'不做浮夸家，两脚踏实地'。事实求是，让我们把双脚站到地上来工作吧。"就这样，在罗健夫的一再坚持和据理力争下，这件未完成的设备最终被从展览会上撤了回来。可以看出，罗健夫所坚持的严谨科学态度和实事求是精神即便是在自己身处逆境之时，也未减少丝毫。

广州，祖国南部的明珠，曾经陶醉了多少南来北往的游客。改革开放之后，广州的变化更是日新月异。1981年，又是一个五一佳节。罗健夫生平第一次来广州，但他并非来南国享受假期，而是和单位同志到广州验收一台进口设备。不同以往的是，不光是时间正赶上五一假期，而且验收任务也存在一定难度。因为这台进口设备不是一个完整的系统，只是单独一台机器，而且各种配件不齐，资料和程序也不完备，这些都增加了罗健夫和同志们这次验收任务的难度。5月的广州夏意渐浓，景色宜人，与西北迥异。同行的同事提议先休息两天，到处看看、逛逛。可是，罗健夫坚决地摇了摇头。因为他知道，如果要顺利完成这次验收，不仅要按正规程序验收，而且要先查阅相关资料弄懂机器的工作原理，这些都无疑会增加额外的工作量，并且需要大量时间来准备。不过罗健夫考虑到同行的同事也是第一次来广州，应该借此机会到处看看，体验下改革开放以来广州日新月异的发展。于是，他让其他同志们上街，自己却不辞劳苦地乘坐长途汽车赶到一个收藏有这类进口设备资料的单位借阅资料。为了"吃透"这台进口设备的性能和工作原理，他拿着借来的资料，独自待在招待所房间里面仔细阅读，作计算，记记录，一直工作到深夜。事实再一次证明，罗健夫所做是对的。由于准备工作充分，罗健夫和同行的同志们顺利地完成了这次验收工作，没有给国家和单位造成丝毫损失。

→ 高尚的科研道德

★★★★★

　　罗健夫对于自己的科研成果从不保守，别人向他求教，他总是耐心解答，倾囊相授。一次，单位的两位同志参加一个半导体设备超声压焊机攻关会，在工作时，这两位同志发现有一个重要的公式记不清了，便写信向罗健夫询问。按理说，罗健夫只需要回信把这个重要的公式告诉他们就可以了，但是罗健夫却马上托人给他们捎一本厚厚的笔记。这本笔记是罗健夫从研究超声材料开始，到压电陶瓷换能器，再到超声压焊机几年来心血的结晶，里面不仅有研发所需的公式、推导数据、实验曲线、草图、工艺流程，还包括他个人的经验与心得体会。看着眼前这本厚厚的笔记，又想到当时社会上个别技术私有、相互封锁信息的不良学术现象，两位同志感慨万分。罗健夫给他们带去的何止是本笔记，而是他对同志们的一片深情厚意，表现出的是高尚的科研道德情操。

1978年，Ⅱ型图形发生器荣获全国科学大会奖。罗健夫丝毫没有陶醉于眼前取得的成绩，而是带领科研小组的同志们继续踏上了Ⅲ型图形发生器的研发道路。在Ⅱ型图形发生器获奖后，面对领导和同志们赞扬的话语和频频竖起的大拇指，罗健夫告诉大家：Ⅱ型图形发生器的这一部分是某位同志设计的，那一部分是某位同志设计的。当谈到他自己负责设计的那部分时，他总是谦虚地说：

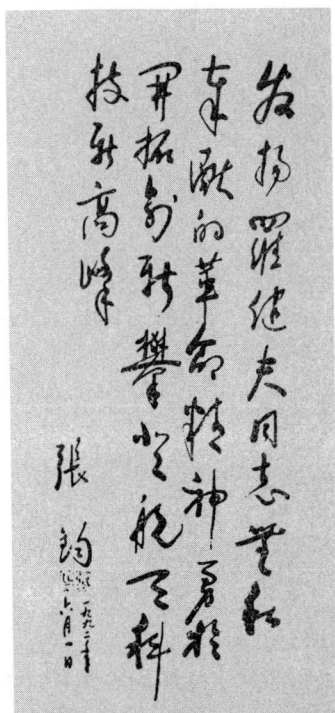

发扬罗健夫同志忘我
奉献的革命精神，勇攀
甲拓向科攀坚攻飞科
技升高峰

张 钧
一九九二年六月一日

△ 1992年6月张钧为罗健夫题词

"那是人家指导我干的。'盛名之下，其实难
副'，我那一点作用嘛，不值一提！"他还反
复强调，这项任务就是交给别的同志，同样
也能完成。当呈报Ⅱ型图形发生器科研成果
表格时，他坚持要求不要写自己的名字。上
级发下来的3000元奖金，他也把分给自己

的那份全部上缴了组织。

取得成绩，罗健夫先讲别人的功劳；出现问题，他却总是自己主动承担责任。1981年10月，罗健夫去天津大学参加一个技术鉴定会。在他出差期间，小组里的两位年轻人在接电线时，不慎将火线、地线弄错导致组件烧毁。当罗健夫从天津回到单位得知这件事情之后，他一方面耐心地告诉那两位年轻人今后工作一定要更加细心；一方面自己给领导写信主动承担责任，并作了深刻的检讨。为了修复这次事故带来的损失，罗健夫又带病坚持工作三个月。

→ **忘我的工作热情**

★★★★★

　　作为一名科学工作者，罗健夫总是
将忘我的热情投入到工作之中。每当佳
节来临，同志们举家团聚的时刻，罗健
夫却总是一个人坚守在实验室里。正是
具有这种忘我的工作热情，罗健夫和他
的同志们一次次取得了科研攻关道路上
的成功。

　　1976 年秋，罗健夫和科研小组承接
了北京大学半导体大规模集成电路 n 沟
MOS4096 动态随机存贮器中间版的制版

工作。转眼中秋节到了，罗健夫对小组的其他同志说："每逢佳节倍思亲，你们都回去吧，我一个人值班就可以了。"佳节团聚是人之常情，罗健夫也思念远在西安的妻子和两个年幼的女儿，但发自心底的是对祖国科技事业的热忱之情。他吃着冷馒头夹咸菜，独自守候在图形发生器旁，坚持工作。在罗健夫和技术小组的辛勤努力下，9月底大规模集成电路 n 沟 MOS4096 动态随机存储器中间版制作成功，这在国内还是首次。

1977 年春节，当漫天飞雪被爆竹和红灯映得通红、其他人举家团聚吃着年夜饭的时候，罗健夫和科研小组的同志们却仍在坚持工作。春节放假期间，研究所动力车间停止向实验室送风，因此在实验室里忙碌的罗健夫和同志们常常感到胸闷、透不过气，但是他们只有在实在忍不住的情况下才走出门外短暂地透透气，然后立刻返回实验室工作。就这样，他们按时保质保量地完成了 77-Ⅰ型微处理机的全部大型集成电路掩膜中间版。

1981 年 10 月，Ⅲ型图形发生器的研制进入了攻坚阶段，而此时的罗健夫因为病痛的折磨常常会感到胸部隐隐作痛。为了不浪费宝贵的时间，加快研制进度，他既没有将病痛告诉领导、同志和亲人，也没有去医院检查，而是忍着疼痛的折磨急忙赶赴北京投身到紧张的研发工作中去。在北京，罗健夫住在中关村，每天上班都要起早乘坐拥挤的公共汽车赶往远在德胜门外的机械工业部自动化所工作。晚上回到住处，

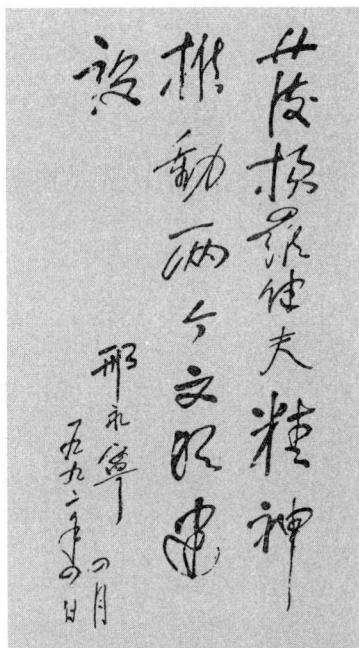

△ 1992年4月邢永宁为罗健夫题词

罗健夫就一边学习，一边熬中药服用。如果胸部疼痛得十分厉害，他就简单地搽些止痛水或者贴一张伤湿止痛膏。同罗健夫一起来北京出差的同志和自动化所的同志看到他总是用手捂住胸口、强忍疼痛工作的情景，无不深受感动。尽管领导和同志们一再劝说他暂时放下手上的工作休息、治病，但是为了能使Ⅲ型图形发生器早日研制成功，罗健夫还是谢绝了大家的好意，以忘我的工作热情、坚强的毅力，带病连续工作了87天之久。转眼间，1982年的农历春节就要到来了，他劝一同工作的两名年轻同志先回家，而自己却一直工作到除夕夜，才在同志们的劝说下，赶回家中和亲人团聚。可是，谁也未曾想到，这时的罗健夫已经身患癌症晚期。这个春节是他和家人度过的最后一个春节。

"万能工"罗健夫

★★★★★

罗健夫作为科研小组组长、一名工程师，按理说他只要做好设计工作就算完成自身的本职工作了，但是他却更像一个"万能工"。只要是工作需要，无论是设计、焊接、装调，还是维修设备，甚至是搬运机器这样的重体力劳动，他都会满腔热情地一干到底，确保研发工作正常进行。

磁芯是计算机的记忆元件，就像人大脑中的脑细胞一样。磁芯非常小，只有小米粒般大小。测一个磁芯就要观察一次示波器的波形，是一项单调、紧张而且重复性很高的劳动，许多年轻的技术人员都不愿从事这项工作。而图形发生器设备控制所用的计算机需要 10 万多个这样的磁芯。罗健夫带领几个同志日夜加班用了两个星期的时间，从其他任务淘汰下来的近 60 万个磁芯中逐一测试出 10 多万个计算机需要的合格磁芯。

1980 年，单位引进了一批重点设备，为确保准确无误，避免给国家和集体造成不必要的损失，罗健夫亲自到火车站查点货物。在一次查点中，他及时发现了一台关键的图形显示器没到货。如果不及时运回来，外国人来后就要拖长验收时间，国家就要多花钱。他迅速向有关单位查询，终于赶在外国人来安装前运回，保证了验收工作的正常进行。至于那些装卸、搬运、安装，甚至墙面油漆、粉刷、净化等笨重和繁琐的重体力劳动，罗健夫也都毫无怨言地去做，体现出主人翁的高度责任感。

无私奉献，高尚情操

→ 放弃优厚待遇

★★★★★

1977 年，单位第一次调升部分职工工资，这是一件牵动无数人心弦的大事。当单位中的许多同事为此吵吵闹闹，甚至到领导面前反复申明自己需要调升工资的理由时，罗健夫却主动放弃了这次难得的机会。放弃并非不够资格。罗健夫1951 年参军、1960 年大学毕业，当时工资只有 65.50 元，属于这次调升工资的对象，而且群众提名有他，党委平衡也有他。罗健夫想：目前国家还有困难，我作为一名共产党员应该为国家分忧。而且这次单位调升工资范围并不大，自己应该让出名额给那些成绩突出但家庭经济条件比较困难的同志。罗健夫把自己的想法告诉了妻子陈显万，得到了妻子的理解和支持。之后罗健夫主动多次找领导，表达自己要放弃这次调升工资的机会，将名额让给那些有需要的同

学习罗健夫同志先人后己，公而忘私的共产主义崇高品德。

马文瑞

一九九二年三月三十一日

志。但是一榜有他的名字，二榜还有他的名字，看到榜单上两次出现自己的名字，罗健夫着急了，他跑去找党委书记，再一次说明要放弃这次调升工资的机会。单位党委在认真研究了罗健夫真切恳请后，在1978年2月10日作出决定：批准包括罗健夫在内的5名同志让出调资指标。5名让出调资指标的同志中，4名是单位领导，只有罗健夫是"普通一兵"。决定下达之后，罗健夫格外激动，他说："这是党对一个普通党员的莫大信任。我觉得，这样的信任是比金钱更珍贵千百倍的。"罗健夫主动让出调升工资名额的无私举动在单位内也引起了强烈反响，也有力地促进了这次调资工作的顺利开展。

罗健夫主动让出这次调资名额并非家庭经济富裕，不需要增加工资收入。1977年，罗健夫、陈显万夫妻俩的工资总共只有130元，两个女儿还都在上学，而且双方家庭都有一定负担。罗健夫要资助丧偶的弟媳，妻子陈显万要资助插队的弟弟和妹妹。1977年，就在调资开始前不久罗健夫远在湖南老家的弟弟病故，留下弟媳和两个孩子。弟弟患病时，罗健夫就寄去了许多钱用于弟弟治疗，弟弟病故后，他写信给独自抚养孩子的弟媳说："弟弟去世了，你就是我的亲妹妹。国家还有困难，要尽量少向国家伸手，家中的困难，咱们自己想办法解决。"此后，罗健夫每月都按时给弟媳寄去生活费，而自己却还戴着那顶参军时部队配发的棉帽子。

1978年，单位新建成一批宿舍楼。当时分配住房是按照工龄加年龄的积分分配，积分高的可以先挑选房号来选择好的住房。在这批宿舍楼里面，二楼两间一套的住房是大多数人梦寐以求的。罗健夫的工龄是从1951年参军开始计算的，他1960年大学毕业，1978年又刚好43岁，所以在单位有资格分配住房的职工中是积分较高的。以罗健夫这样的条件，完全可以挑选离上班地点近、采光好、楼层适中、面积大的二楼两间一套的住房。但是，当罗健夫看到单位有些同志为了住好房而吵吵闹闹时，便主动提出要离上

051

无私奉献，高尚情操

班地点最远、最边角的四楼的一套一间半的住房。有关同志十分不解，劝他选套好房，但罗健夫却风趣地说："你错了，我挑的是好房子。边角、安静、少干扰；楼高、视线开阔，'欲穷千里目，更上一层楼'嘛!"后来在大家的劝说下，他才换成三楼，但依然是靠边的一套一间半的住房。

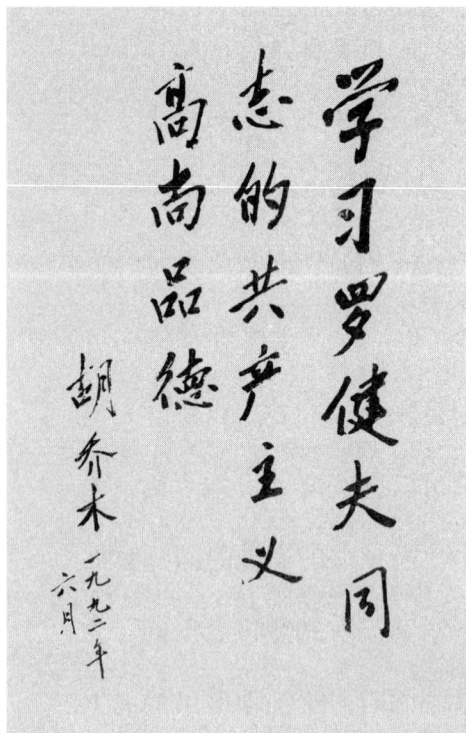

学习罗健夫同志的共产主义高尚品德

胡乔木

一九九二年

六月

1992年6月胡乔木为罗健夫题词

→ 不为名利，甘为"普通一兵"

☆☆☆☆☆

　　1980 年，第一次晋升高级工程师，单位的许多同志都跃跃欲试，争先报考，甚至有许多人四处活动，找关系，拉选票。罗健夫作为Ⅰ型、Ⅱ型图形发生器研制工作的主要设计者和研制者，他的贡献和成绩是大家公认的，在半导体设备这个领域也已经是一位较有影响的专家。按他的评分和贡献，考取高级工程师应是不成问题的，但是他却没有报考。对于罗健夫没有报考，大家都感到很吃惊。有的同志不解地问他："老罗，您怎么不报考呢？凭你的资历和一贯的实干、苦干精神，凭你在 I 型、II 型图形发生器研制过程中的成绩和贡献，你报考高级工程师一定十拿九稳，为什么不报呢？"罗健夫十分诚恳地回答说："高工需要高水平，我的水平不够。这不是凭资历和苦干就可以当的。搞 I 型、II 型已是过去的事了，不是已经晋升我为工程师了吗？干工作总要有所前进，目标要高一点，步子要大一点。"当单位的总工程师都亲自动员罗健夫报考高级工程师时，他的回答只是"等 III 型图形发生器搞出来以后，再考虑"。罗健夫用自己的实际行动抵制了那种为名利找关系、拉选票的不正之风。单位许多同志听说了罗健夫主动放弃报考高级工程师的事情后，纷纷感动地说：讲水平论贡献，咱们都比老罗差，人家不报，咱还争什么？

1981 年，第二次晋升高级工程师开始的时候，罗健夫索性带着研制 III 型图形发生器的图纸踏上了东去北京的列车，主动避开了这次报考。

也许有人会说，罗健夫不报考高级工程师，是为了以后当官。那他们错了，1978 年、1981 年，罗健夫还两次放弃晋升职务的机会，甘为科研战线上的"普通一兵"。罗健夫的一些老同学、老同事因工作需要都先后被提升到了领导岗位，有的是研究室主任，有的是副总工程师，而罗健夫却还是"普通一兵"。并不是罗健夫没有晋升职务的机会，而是他一次又一次主动推辞。1978年，组织上准备提拔罗健夫担任第六研究室主任，被他婉言谢绝了。1981年，组织上再次决定提升罗健夫为制版中心副主任、主任工程师，决定都已经做出了，却再次被他婉言谢绝。领导找他谈话，罗健夫诚恳而坦率地说："我不是不服从组织安排，我能力不行。从党的科研事业考虑，我不当'官'比当'官'有利。让我集中精力在科研上为国家多做些工作吧。"

妻子陈显万看到单位领导为了晋升职务的事情几次找罗健夫谈话，觉得丈夫有些固执、不近人情，就在家中劝说他："别让领导左一趟右一趟作难了，实在推不掉，你就挂个名吧。"罗健夫听后，严肃地和妻子说："共产党的干部是干实事的。现在，干部本来就多，人浮于事，干起工作来扯皮划圈，不讲效率。我还凑数当挂名的干什么？"在罗健夫的再三推辞下，组织上了解到他的心意就同意了他的请求，不再勉强他担任行政职务。

→ 普通人罗健夫

★★★★★

罗健夫不是一个完人，他也有缺点，也会犯错误，但可贵的是每次他都能及时检讨自己。罗健夫不是一个只知道工作而不懂得生活的人。相反，他是一个兴趣广泛、多才多艺的人。

因为罗健夫总是工作到很晚，所以去单位食堂买饭的时候经常是菜饭所剩无几。有一次，罗健夫同样又工作到很晚才去单位食堂买饭，可是食堂已没有菜了。刚好那几天他忙于工作胃口不好，所以告诉炊事员只买一分钱咸菜。可是炊事员却不卖给他，原因是规定至少要买两分钱的。无奈，罗健夫只好说："我可以给你两分钱，但给我一分钱的咸菜就行了，多了，吃不完就浪费了。"谁知那位炊事员不由分说，直接给罗健夫手中的饭碗里夹一把咸菜，足足有两分钱的。罗健夫见状生气地说："你们工作怎么这样不负责任。"说着便将饭碗和咸菜都扔回了饭菜窗口，就这样罗健夫和炊事员发生了争执。顿时引来了很多人围观，产生了不好的影响。事后，罗健夫很懊悔。星期六他回家一进门就对爱人陈显万说："这星期，我办了一件错事。"然后将事情经过原原本本告诉了妻子，坦承自己当时很不冷静。随后他利用星期日休息时间十分认真地写了一份检查。星期一刚上班，他就主动找室领导在全室大会上作了诚恳的检讨，还主动找那位炊事员赔礼道歉，使那位炊事员很感动，也检讨了自己的行为。

罗健夫在大家面前总是展现出忘我工作、繁忙劳碌的样子，但是他并非是一个只会工作，不懂得生活的人。相反，罗健夫是一个热爱生活、兴趣广泛、多才多艺的人。他爱好音乐，尤其是手风琴拉得很好，单位举办晚会时，罗健夫会不时地为大家伴奏，给同志们带去欢乐的同时也陶冶着自己。罗健夫不仅熟记着各种枯燥的公式，他也喜爱文字优美的文学作品，经常创作诗歌，在诗歌朗诵会上他常常深情地朗诵自己创作的诗歌。有过多年军旅生活的罗健夫还十分热爱体育运动，像游泳、滑冰等等，他都可算是翘楚。但是，为了祖国的科学事业，罗健夫将他全部的精力倾注到事业之中，他将个人的爱好都抛在一边，丝毫也不顾及个人的健康而忘我地工作。

公私之间

→ 廉洁奉公

★★★★★

改革开放之初，赴港、出国对大多数人来说是难得的机会，也是个别人眼中的"肥差"，是捞"外快"的机会。但罗健夫时刻都牢记着自己一名共产党员的身份，对待一些人眼中的"肥差"，他都严格按照规定执行，从不浪费国家一分钱，不占国家一点便宜。

1981年，单位派罗健夫等几名同志到广州验收进口设备。临行时上级领导指示：必要时，可以去香港。罗健夫和其他同志经过仔细的研究认为不去香港也完全可以完成这次验收，因此坚持在广州完成工作，没有去香港，为国家节约了不必要的开支。

1978年底，单位决定派罗健夫和另外两名同志一起去日本实习，并让他担任这次实习小组的组长，可是罗健夫却再三谦让，最后在领导的一再催促下才动身前往日本。在日本实习期间，罗健夫自己不仅严格执行单位有关出国的各项规定，还告诫同行的两名同志不要被花花世界所迷惑，要时刻保持清醒的头脑。他们住在东京都北部埼玉县的一个小镇上，在长达一个半月的培训期里，罗健夫除了在周末上街购买生活必需的食品外，几乎把所有的时间都用在阅读书籍、资料和研讨工作上面。当时，冬季日本市场上水果也十分丰富，而且许多是当时国内冬季看不见的，按理说买些水果是完全可以报销到生活费里面的。但是罗健夫心想：现在国家的外汇资金十分宝贵，这次来日本实习，食宿条件已经比国内好很多了，再说新鲜的水果回国后迟早能吃到，没有必要再额外花费宝贵的外汇。所以，罗健夫一行三人一次也没有购买过那些诱人的水果。实习快要结束的时候，罗健夫接到在千叶县同单位学习计算机软件同志的通知，让他去东京落实一项单位的采购任务。罗健夫没有立刻动身赶往东京，而是先详细地询问了采购任务的流程和细节，当他得知不必本人亲自前往的时候就通过电话办妥了采购事宜。就这样，经过罗健夫的精打细算，他们一行三人出国期间共为国家节约了42%的外汇开支，回国后全部上缴国家。

不仅是出国，就连在国内出差，他也一样公私分明。外地出差报销车票，总是把公事和私事严格区分开来，办自己的私事无论花费多少，一张也不会报销，只是随手将票据丢掉，从不占国家和集体的一点便宜。

→ 贤伉俪

★★★★★

　　在罗健夫和妻子陈显万的眼中，爱情并非琼瑶小说中的花前月下，情侣间的卿卿我我，而是两个有着共同理想，在奋斗过程中心灵的彼此相连。

　　1964年，罗健夫与陈显万结婚。两个人没有举办隆重的婚礼，也没有宴请宾朋，只是把两张单人床合并在一起，买了些水果糖分发给大家，就算把终身大事给办了。1965年7月，罗健夫被调往中国科学院156工程处，并担任半导体标准设备组组长。罗健夫进京工作，就意味着夫妻两人要两地分离。本来夫妻两人是完全可以同时调去北京，避免两地分居。但是当时妻子陈显万已经怀孕，罗健夫为了不给组织上添麻烦，两个人毅然选择了分离，独自默默地承受着离别的痛苦。从罗健夫踏上开往北京列车那一刻，夫妻两人便开始了长达十二年的分居生活。

在夫妻两地分居的日子里，有许多假期罗健夫因为忙于工作没能回西安。有时即便回到妻子、孩子身边，他除了帮助料理家务，其余的时间全部用在跑书店、钻图书馆上。这样，书信就成为罗健夫夫妻生活中的主要内容，"多来信"这句话也就成为夫妻之间发自心底的、最珍重的嘱托。但是由于两个人都一心放在工作和学习上面，有时候连写简单信件的时间都没有，有时写好了又忘记邮寄。有一次，罗健夫为了一件事情专门给妻子写了一封信，当他前往邮局寄信的时候路过图书馆，就不由自主地走进去了，并在图书馆看了一天书，把邮寄信件的事情忘到了脑后。不久，妻子陈显万来信询问，罗健夫十分不解：事情不是已经在信上说得十分清楚了吗，怎么还要再次询问呢？后来，当他换洗衣服时才发现，原来信一直在他的衣服口袋里，忘记了邮寄给妻子，此时这封未被寄出的信件已经被揉成了一团。

1968年春节，陈显万利用假期到北京探望丈夫罗健夫。此时罗健夫正在北京电机厂搞协作任务，整天埋头于超声压焊机的研制工作，没有时间照顾久别的妻子。陈显万看到丈夫这样忙碌并不计较，而是自己到单位食堂买饭吃，不去打扰丈夫的科研工作。她看到罗健夫屋里堆放着没有整理和抄写的图纸资料时，她主动地从早到晚为丈夫抄写资料、整理图纸，减轻罗健夫的工作量。在陈显万到北京探亲的一个多月时间里，夫妻两人竟没有外出过一次，没有去过一次公园，没有逛过一次王府井。直到妻子陈显万临登上返回西安的列车之前，两人才匆匆地在天安门广场照了一张相留作纪念。

陈显万不仅在罗健夫的生前默默地支持

他，在罗健夫去世后也依然以丈夫作为自己的榜样。罗健夫去世后，他生前单位的领导去看望陈显万，询问她有什么要求。看见领导询问，陈显万止住悲痛，擦去面颊的泪痕，说："谢谢组织，我没有什么要求。我还要工作，我要像老罗那样去工作。"在场的同志听到陈显万这简单而真诚的话语后，都感动得流下了热泪。

当罗健夫的模范事迹被广泛宣传，并获得一系列荣誉时，陈显万一直表示不安。她一再诚恳地说："给老罗的荣誉太高了，比老罗好的同志还很多。并再三叮嘱说：在有关的材料上，一定不要写她和孩子的名字，光荣是老罗个人的，与她无关，与孩子们也无关。孩子还小，不懂事，要使她们从小就明确，一切要靠自己，不能靠父母。"

1982年10月16日，航天部和陕西省委联合召开授予罗健夫同志优秀共产党员、特等劳动模范大会。陈显万不愿在大会上发言，她说："老罗做的，都是他应该做的。况且，有些事还没有做好。这样宣扬他，是违背老罗的意志的。如果他还活着，是一定不会同意的。我作为他的妻子，不能讲话。"后来在航天部和罗健夫生前单位领导和同志们的再三劝说下，陈显万才在大会上作了简短的发言。她的发言内容也十分简单，一是感谢组织和同志们；二是表示要继承老罗的遗志，把工作做得更好。

➡ 严父孝女

★★★★★

罗健夫在送给二女儿罗涛淘的一本字典的扉页上写着这样的话："凡是事业上的成功，总是来源于扎扎实实的努力。"罗健夫对子女教育十分严格，教导两个女儿要从小树立勤奋自立的品质，做一个正直、诚实的人。

  在对女儿的教育过程中，罗健夫从不放过孩子思想上流露出来的一丝问题，每当发现都及时纠正、教导。有一次，他上小学二年级的女儿，拿着一张奖状，从学校高高兴兴地回到家里，本想向父亲夸耀一下。但是一进门，却看见父亲正在生气。原来，不久前女儿为一件事而撒谎，现在被罗健夫发现了。罗健夫对孩子进行了严肃的批评，要求女儿写出检讨贴在床头，以便能经常看到，铭记撒谎不诚实的危害。

当大女儿把要求入团的想法告诉父亲时，罗健夫十分严肃地问道："你入团是为了什么？"女儿回答说："可以戴团徽，光荣啊。"罗健夫听后，微微皱起了眉头，十分严肃地对女儿说："入团仅仅是为了戴团徽、图光荣吗？你了解共青团的性质吗？你懂得'为共产主义事业奋斗终生'这句话的意义吗？"罗健夫为了帮助女儿端正入团的动机，把《青年团的任务》这本书，郑重地交给了女儿。这本《青年团的任务》是罗健夫15岁入团时看过的，他一直保存了31年。把书交给女儿之后，他告诉女儿说："就算我这个老共青团员送给你的礼物吧！你要好好学。"后来，他还督促女儿读一读《钢铁是怎样炼成的》这本书，让女儿看一看在革命的艰苦年代里，老共青团员们是怎样战斗和生活的。他还告诉女儿，这本书在50年代曾鼓舞了自己，也鼓舞了成千上万的中国青年，希望孩子也向保尔·柯察金学习，走革命的人生道路。

无论罗健夫工作怎样繁忙，他都会尽量抽出时间关心女儿的学习生活。有一次，罗健夫去北京出差，尽管工作十分繁忙，病痛已经开始折磨他瘦弱的身体，他仍然要小女儿罗涛淘每周坚持给他写信汇报学习情况，并认真批改女儿寄来的作业。

罗健夫不仅关心两个女儿的思想和学习，还注意孩子的身体健康。他常常带着孩子跑步锻炼身体，夏天时尽量抽出时间教女儿们游泳，让孩子有一个健康的体魄。

罗健夫给女儿规定了三条原则：要做一个诚实的人，做一个正直的人，做一个靠自己本事自立的人。1981年，大女儿罗寒英正面临考大学的压力，小女儿罗涛淘也同样面临升入中学的问题。罗健夫把两个女儿叫到面前，表情凝重地说："我现在就把话说清楚，眼前的升学问题，将来的工作问题，都要你们发奋，靠组织安排，不要指望父母。我这个人没什么'后门'，就是有，也决不干这种败坏风气、坑害你们的事！"女儿们不仅都诚恳地点点头，而且也用实际行动回答了父亲。大女儿罗寒英品学兼优，小学、中学均跳级，15岁时就以渭南地区高考预考第一名的优异成绩考入西安交通大学。

生命的最后时刻

→ 噩耗突袭

★★★★★

1982年1月29日是农历狗年春节过后上班的第一天，对于大多数人来说只是一个普通的工作日。罗健夫像往常一样来到工作室，立刻伏案开始进行Ⅲ型图形发生器图纸的整理工作。但是与平时不一样的是，罗健夫的面容显得格外憔悴，原本炯炯有神的眼睛也略显暗淡。虽然罗健夫已经显露出病态，但是仍然坚持工作，他用一只手捂住胸口，另一只手仍然坚持整理手上的资料。工作室的其他同志看见罗健夫这个样子，十分不安，都劝他立刻去医院检查。罗健夫却推辞说："北京等待要图纸，我要赶快整理好，寄去啊。"罗健夫不顾同志们的再三催促仍然坚持工作，直到下午4点多，他才勉强在两名同志的陪同下，骑上自行车赶到单位附近的燃化医院去做检查。当医生给罗健夫拍完X

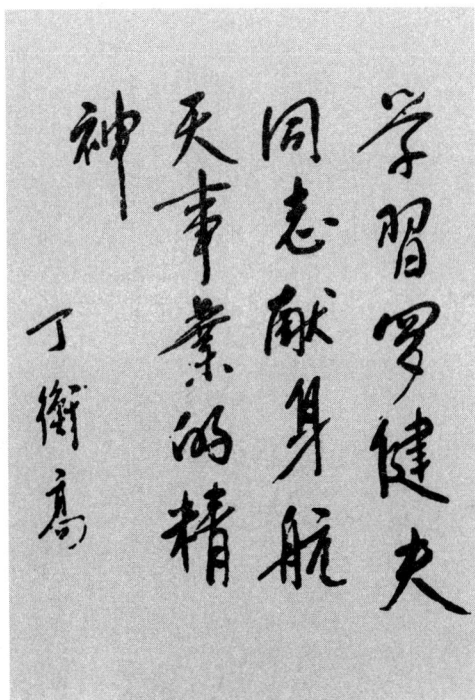

△ 丁衡高为罗健夫题词

学习罗健夫同志献身航天事业的精神

丁衡高

光片，顿时大家惊呆了，罗健夫的胸部边缘显示有葡萄状拳头大小的肿瘤阴影，诊断结果是大家最不希望的——癌症。

陪同罗健夫一起去医院做检查的两名同志不愿接受这个事实，几乎一夜没有入睡。第二天刚上班就立即向单位领导作了汇报。罗健夫得了癌症！单位领导十分震惊，立即派门诊部主任医生和车间主任一起陪罗健夫赶往西安医学院第二附属医院去确诊，希望昨天的诊断是错误的。但是，结果仍然是癌症。为了减轻罗健夫精神上的压力，大家决定先不把真实情况告诉他，只说"没有确诊"。单位领导准备再去其他医院为罗健夫进行会诊，因为大家都不希望面对癌症这个最严酷的结果。即便诊断无误，也希望多会诊几次，以便为罗健夫找到最好的治疗方案。

尽管领导和同志们都没有告诉罗健夫真实的病情，但是他从大家凝重的表情上也已

经意识到自己的病情不太乐观，至少是
需要进行住院治疗。

→ ⭘ **坚守岗位**

⭐⭐⭐⭐⭐

　　尽管罗健夫从大家凝重的表情里看
出自己病情一定不轻，但他并没有因此放
下自己手上的工作，仍然坚持战斗在工作
岗位上。

　　2月6日，罗健夫从西安看病回到临
潼后，只是在家简单吃了一碗面条就急忙
赶回工作室，进行Ⅲ型图形发生器图纸的
整理工作。晚上7点多，门诊部主任曹

大夫赶到罗健夫家通知他第二天会诊的相关事宜，可是一连去了两次，罗健夫都不在家。曹大夫心想：已经下班快两个小时了，罗健夫怎么还没回家? 曹大夫急忙赶到五车间主任家，曹大夫对主任说："他的病已到了这个地步，下班已经一个多小时了，还不见他的人影，明天会诊怎么办? "车间主任说："他可能还在工作室里，我马上去找他。"话音未落，门外就响起了敲门声。打开门，来人竟是满头大汗的罗健夫。只见他右手挟着一捆图纸和资料，左手捂着胸口，豆大的汗珠已经沁满额头。罗健夫一进门就摊开图纸，和车间主任谈起Ⅲ型图形发生器的事情。他对车间主任说："这份图纸急着要审核，我把它赶了出来，托人明天送往北京。你快看看。"车间主任和曹大夫看见面容憔悴的罗健夫，想到他严重的病情，再看看面前的Ⅲ型图形发生器图纸，心里十分难受，两人含着眼泪，半天说不出一句话。

2月7日，经过再次会诊，罗健夫得知自己患的是癌症，而且已经到了晚期。但是他并没有被这个消息吓倒，反而十分镇静地向医生询问自己还有多少时间。医生建议做切片化验，但是罗健夫却拒绝了，他说："不要切片检查了，切片容易转移，时间对于我很宝贵，让我争取时间多做些工作吧。"

会诊后，罗健夫立刻返回单位上班继续工作，好像自己并没有生病似的。当罗健夫走在回单位的路上时，正好遇见调度室的一位同事，这位同事告诉罗健夫："老罗，A 系统的磁盘出了毛病，机器无法工作，等会儿，你去看看行吗? "罗健夫虽然已经不负责这项工作了，但是他还是毫不迟疑地回答："可以，我马上去修。"当时，单位里知道罗健夫已经身患癌症晚期的同志还很少。事后，这位同志知道了罗健夫的病情，内心既后悔，又感动。

患者中的"白求恩"

★★★★★

人们常常歌颂医疗工作者中的"白求恩"，而在罗健夫病危住院的 49 天中，他是医护人员眼里患者中的"白求恩"。

1982 年 4 月 28 日，作为病危患者的罗健夫住进了西安医学院第一附属医院。由于当时医院治疗设备比较紧张，医院规定门诊病人白天进行放射治疗，晚上则是住院病人。每次进行放疗时，罗健夫总是按次序排队等候。有时医生看到他疼痛难忍，就安排他优先治疗，但总是被他婉言拒绝，罗健夫说："我不要紧，来这里排队的都是重病号，还是按排队次序吧。"主治医生为了使罗健夫能更好地休息，给他调换了一张能调节躺卧角度的摇床。可是摇床较普通病床高，给罗健夫上下床带来一定不便。妻子陈显万就和他商量说："要不要跟车间领导说说，晚上，派个同志来照顾一下？"罗健夫坚决地摇头说："不能因为我，再耽误同志们的工作了。"单位同志得知这一情况后，提议给他制作一个小凳子，供他上下床使用。罗健夫想了一下说："那不行，病床间过道窄，旁边的病人上下床就不方便了。"最后，他还是要求医生为他换回普通的病床。

身患癌症晚期的罗健夫，胸前的癌块比心脏还大，胃肠里面同样是大大小小的癌块，他所承受的病痛是我们常人难以想象的。这时的罗健夫是最需要医护人员细心照料的，但是在西安医学院第一附属医院住院的 49

天中，他从不麻烦医护人员。一次夜里，他要起床小便，本来只要拉下床头的信号灯，护士是会来帮助的。但是想到已经是深夜了，护士早已休息，罗健夫便强忍疼痛挣扎着下床向厕所走去。但是，只走到半路，他便已经累得大汗淋漓靠在墙边不能动了。幸好值班护士路过发现，但是他还是十分过意不去，连声说："谢谢，谢谢。"罗健夫病故后，医院的医生和护士们说："罗健夫同志住院两个月，病情那么严重，没有呻吟过一声，没有拉过一次信号灯，没有提过一个由患者应该提出的要求。这样的病人，我们是第一次见到。真是特殊材料制成的人啊！"

坚持在与病魔作斗争的罗健夫还经常与医生一起研究自己的病情，商讨治疗方案。他总是给医生们鼓劲打气说："征服癌症也是一种革命，革命还未成功，总是要死人的。你们就大胆地在我身上做试验吧，即使失败了，也可以总结经验教训，对后来的病人有用处。"为了帮助医生分析病因，找出相应的治疗方案，住院后罗健夫坚持要做切片检查。他说："不要怕转移，能从中找出病因和治疗办法就是成绩啊！"罗健夫的病情恶化得十分迅速，一般的药物已经不见效了。医生打算采用两种烈性药物：甲基卡肼和甲氯芳芥。但是因为这两种药副作用很大，医生也没有十足的把握而犹豫不决。罗健夫得知这一消息后，主动找到医生请缨，他说："怕什么！征服癌症也和革命一样。革命最后总是要取得胜利的，但不是每一个革命者都能看到革命的胜利。癌症患者也不可能每一个都能看到征服癌症的胜利，但我相信，人类最后一定能征服它！你们就大胆在我身上做实验吧！我死了，尸体给你们解剖，研究一下，用了这么多抗癌药，为什么在我身上就不起作用？以后，总还可以为你们治疗同类病提供一点资料。"罗健夫平直而感人的肺腑之言使负责治疗他病情的医生热泪盈眶，被他无私奉献的崇高精神所感动。

6月10日，当罗健夫交完最后一次党费后，他还不断嘱咐单位领导和医院的医生，在他死后要将遗体捐献给医院用于医学研究。

→ 心系工作

★★★★★

罗健夫把他全部心血都无私地献给了祖国的科研事业，即使是在自己生命最后的日子里。

晚期癌症是非常痛苦的，罗健夫身心所经受的疼痛是常人难以想象的。可是，他却从来不要求打止痛针，就连止痛药也很少吃。因为疼痛他的嘴唇常常被牙齿咬破，即便如此他也从不呻吟。一次，妻子陈显万看见他又咬破了嘴唇，就劝他吃一点止痛药来减轻病痛。罗健夫忍着疼痛说："那东西刺激神经，对大脑不利，能不吃就尽量不吃吧。现在，我需要保持头脑清醒，还可以多想一想Ⅲ型图形发生器研制中的一些问题，给其他同志当当参谋……"

1982年5月下旬，罗健夫的病情开始恶化，体重急剧下降，癌块四起，身体上的疼痛加剧。这时的罗健夫已经开始意识到自己也许不可能再继续为党和国家的科技事业工作了，不能继续进行Ⅲ型图形发生器的研发工作了。当接替罗健夫主持研发Ⅲ型图形发生器的同志去医院探望他时，他忍着巨大的疼痛，以惊人的记忆力，将Ⅲ型图形发生器图纸上自己已经改动过但还未来得及标明的几个部分，以及他自己估计到在今后研发过程中可能会遇到的几个疑难问题，全部都告诉了这位同志。罗健夫克服疾病带来的疼痛和这位同志整整交谈了两个多小时。事后，这位同志激动地说："本来，有几个问题，我早就想问问老罗，但看他病成这个样子，怎么好问呢？没想到，他都告诉我了，我很受教育。今后，不管遇到多大的困难，我一定要把Ⅲ型图形发生器搞出来，完成老罗未竟的事业。"

5月31日，机械工业部自动化所一位曾经和罗健夫共同工作的同志，受单位委托专程从北京来西安探望他。这时罗健夫的病情已经十分严重了，说话已经显得十分吃力。但当他看到曾经一起工作过的同志到来，心情十分激动，喜悦之情溢于言表。但寒暄几句之后，罗健夫就将话题转到了Ⅲ型图形发生器上面。他拖着病重

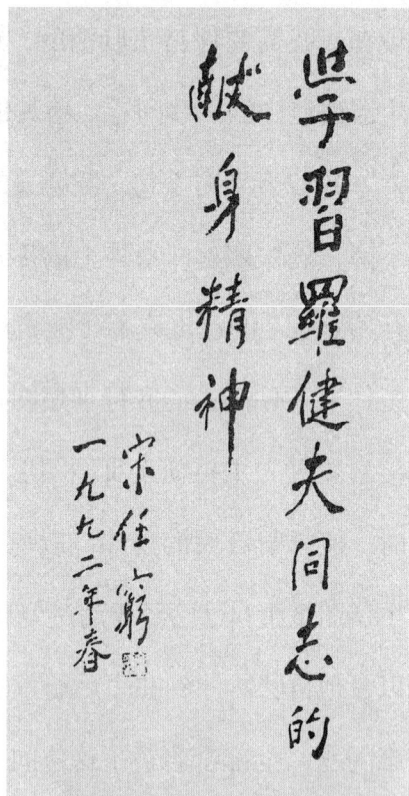

学习罗健夫同志的献身精神

宋任穷

一九九二年春

△ 1992年春宋任穷为罗健夫题词

的身体在病床上先向这位同志询问了Ⅲ型图形发生器在北京工作的进展情况，接着又和他说了自己关于调机过程中可能出现机械振动问题的一些想法。在交谈的过程中，罗健夫似乎完全忘记了自己是一个生命垂危的病人，忘记了自己的疼痛，他思路清楚，语音洪亮，气色也显得格外好。看到此情此景，这位机械工业部自动化所的同志深受感动，在离开病房时抑制不住眼中的泪水。

即便在临终前，罗健夫心中挂念的也只有工作。就在他去世的前一周，单位的一位同事去看望他，随口提起一台进口设备的磁盘工作不正常，设备显示器上显示了一个错误码，但却查不出原因。当时，说话对罗健夫来说已经十分艰难，微弱的声音只能贴近他嘴边才能够听清楚。即便这样，罗健夫还是断断续续，但又十分清楚地告诉这位同志，自己的一本黑皮资料本上记录有关于这个错误码的说明。这本资料就放在自己工作室书桌的中间抽屉里。这位同志激动地告诉他说："知道了，您放心吧！"听到这句话，罗健夫早已消瘦苍白的脸上露出了久违的微笑。

→ 简单的葬礼，至高的荣誉

★★★★☆

1982 年 6 月 16 日 10 时 35 分，罗健夫停止了呼吸，永远离开了我们，永远离开了他热爱的工作岗位。

罗健夫去世后，妻子陈显万和亲属按照罗健夫生前遗嘱：将遗体捐献用于

学习罗健夫
向更高更新攀登
刘纪原

医学解剖,而且丧事一切从简。罗健夫生前
单位的领导一再坚持要为罗健夫购买新衣帽
用于葬礼。但是陈显万却不同意另外买衣
帽,她说:"这是老罗的遗志,请尊重他的愿
望吧。"最后,她只是从罗健夫生前衣物中
挑出一件打了补丁的衬衣,一条洗得发白的
棉毛裤。遗体火化后,陈显万还坚持不购买
骨灰盒,只要求买一个瓦罐。最后因一时买
不到瓦罐,才买了一个价格最便宜的骨灰盒。

简单的葬礼之后，罗健夫生前单位的领导去看望陈显万时问她有什么要求，她坚强地擦去面颊上的泪痕说："谢谢组织，我没有什么要求。我还要工作，我要像老罗那样去工作。"短短几句话语极大地触动着在场的人们，大家再次为陈显万的思想境界所感动。丧事一办完，陈显万就马上赶回单位上班了，罗健夫的其他亲属也都立刻乘坐火车返回各自的工作单位，即使是两个女儿也没有耽误上学。

解剖罗健夫遗体的时候，医生惊诧地发现，罗健夫周身布满癌瘤，胸腔里的肿瘤比心脏还大；胸骨已经酥脆，一碰即碎。病理化验结果显示，罗健夫所患的是低分化恶性淋巴瘤，这是癌症中最恶性的一种，罗健夫身患的淋巴瘤潜伏期已在两年以上。医生含着热泪说道："很少见这样的病，更少见老罗这样的人，他真是特殊材料制成的！"

罗健夫去世的消息传回临潼后，单位的领导和同志们十分悲痛，许多同志更是泣不成声。他的逝世对航天事业、科技战线来说都是一种莫大的损失，认识他和不认识他的人们在得知他的事迹之后无不陷入沉痛的哀悼和怀念之中。

在罗健夫去世后，他不为名利、大公无私、严谨务实的奉献精神和刻苦学习、忘我工作的光荣事迹被广泛宣传和学习。同时党和国家也给予了他至高的荣誉。

1982年10月16日，中共陕西省委、省人民政府和航天工业部联合召开表彰大会，

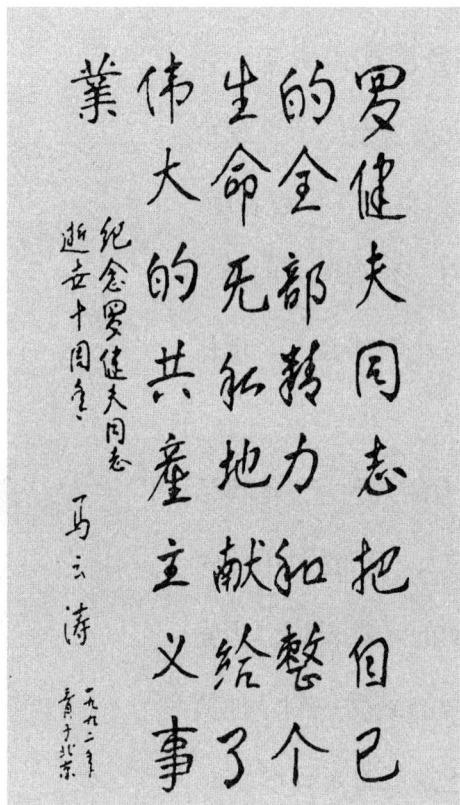

罗健夫同志把自己的全部精力和整个生命无私地献给了伟大的共产主义事业

纪念罗健夫同志逝去十周年

马云涛

一九九二年书于北京

◁ 马云涛为罗健夫题词

授予罗健夫"优秀共产党员"、"特等劳动模范"的光荣称号。

1982 年 11 月 30 日，五届人大五次会议关于第六个五年计划的报告中指出，罗健夫同志和蒋筑英同志是模范共产党员，他们的事迹，是人们学习共产主义思想的活教材，号召全国人民向罗健夫、蒋筑英学习。

1983 年 2 月 12 日国务院作出决定，授予赵春娥、罗健夫、蒋筑英为全国劳动模范的称号，并号召全国各条战线职工向赵春娥、罗健夫、蒋筑英同志学习，为实现党的十二大提出的宏伟目标，全面开创社会主义现代化建设新局面而努力奋斗。

诗人臧克家说过："有的人死了，他还活着。"罗健夫就是这样的人。罗健夫用他短暂的一生实践着自己最初的入党誓词，为党的事业奋斗终生直到生命的最后一刻。他留给大家的是一个真正共产党员的光辉形象。

附　　录

→ 罗健夫年表

★★★★★

1935 年 8 月 30 日，罗健夫出生于湖南省湘乡县南正街。

1938 年，罗健夫随父母离开湘乡，四处辗转漂泊。

1946 年 6 月 6 日，罗健夫结束漂泊生活，随父母返回湘乡。

1949 年 2 月，罗健夫就读湘乡中学初中一年级。

1950 年 12 月，罗健夫正式加入了中国新民主主义青年团。

1951 年，罗健夫参军，进入武汉后勤学校会计专业学习。

1953 年 4 月，罗健夫从武汉后勤学校毕业，分配到甘肃祁连山山丹军马场工作。

1956 年 7 月，罗健夫以优异的成绩考入了西北大学物理系。

1959 年 4 月 16 日，罗健夫加入中国共产党。

1960 年 7 月，罗健夫从西北大学物理系毕业。毕业后留校任教，担任无线电电工学实验教师。

1963 年，罗健夫调往西北计算机所，从事电子管交流稳压电源的研究工作。

1964 年，罗健夫与妻子陈显万结婚。

1965 年 7 月，罗健夫调往中国科学院 156 工程处，担任半导体非标准设备组组长。

1969 年底，罗健夫承担图形发生器研制任务。

1972 年，罗健夫主持研发的 I 型图形发生器获得成功，填补国内空白。

1976 年 9 月底，罗健夫带领技术小组制作成功半导体大规模集成电路 n 沟 MOS4096 动态随机存储器中间版。

1978 年，罗健夫主持研发的 II 型图形发生器荣获全国科学大会奖。

1981 年，罗健夫独立完成 III 型图形发生器全套电控设计。

1982 年 1 月 29 日，罗健夫被确诊为癌症晚期。

1982 年 4 月 28 日，罗健夫作为病危患者入住西安医学院第一附属医院。

1982 年 6 月 16 日 10 时 35 分，罗健夫因癌症医治无效，在西安病逝，终年 47 岁。

1982 年 10 月 16 日，中共陕西省委、省人民政府和航天工业部联合召开表彰大会，授予罗健夫"优秀共产党员"、"特等劳动模范"光荣称号。

1983 年 2 月 12 日，国务院作出决定，授予赵春娥、罗健夫、蒋筑英为"全国劳动模范"光荣称号。

罗健夫给女儿罗寒英的信件摘录

★★★★★

英儿：你好。

来信收到一周多了，今天才顾上给你回信。期中考试完了吗？各门成绩怎样？如果没有考好，也不必懊丧，但要总结经验教训。学习不是为了应付考试，但考试在一定程度上反映学习情况。一般说，只要真正学得好，总是能考好的，但考个好分数，不一定真正学得很好。自己心中要有个数，要有个高要求。考上大学以后，压力小了，你自己也有些放松，这段时间，爸妈虽曾提醒你，但并未过于苛求，一来长期紧张以后，松弛一下也有好处，二来需要有一段时间适应新的情况。现在应该意识到了，光有"上游"的目标，不持续不断地力争，是达不到上游的，争而不力是不行的，现在立即奋发起来，不晚。《New Concept English》只要有时间当然可以看。除了把课内的学好（这是主要的），就是要尽量多听多读。你们同学在一起，有条件练习多说，如能做到，最好。还给你买了几本书，一本《高等数学解题方法和技巧》，是你们校出的，但没听你说起过，不知你有没有，这书在京到处售缺，所以我碰到还是买了。《微分在力学中的应用》，你现在正可以看，结合现在的课，并为下期开物理（一开始就是力学）作准备。《物理典型题解》以后可以用。书包已买了，和你的一样。有一种为大学生用的，比之稍大一点，但无拉链。再好的，则不属于书包类了。年历片没有。谢谢你的同学们的问候，问她们好。祝学习进步。

父字 十一·十

很高兴你把《青年团的任务》已读了一遍，没读懂没关系，再读就会好一些，不管学习多紧张，希望你在这学期至少再读一遍。读不懂，原因可能有：语文水平问题，以前基本上没读过马、恩、列、斯的原著作，对他们文章、讲话的风格不了解；历史知识问题，没学世界史，对苏联当时的历史背景和任务不了解。你可以读一读苏联小说奥斯特洛夫斯基的《钢铁是怎样炼成的》，从书中可以了解老一代的共青团员是怎样生活、斗争的，得到许多教益。五十年代，这本书曾鼓舞了成千上万的中国青年。

父字 十一·十

英儿，你好：

从你妈信得悉你因期中考得不好，所以最近抓得紧了。这很好，就应该有这种自觉性。上了大学，只是新的开始。以前的再好，也只说明过去。任何时候，不管取得多大成绩，都应看到，离目的地还很远，都只能当做新起点。你原在华中成绩过人，大家都称赞，这是好的，是你努力的结果。但我和你妈曾反复告诫你，要知道天外有天，人上有人。你的水平比真正高才生还差。在"华中"，你应记住毛主席引过的一句话："山中无老虎，猴子称大王。"现在，你应该奋力与狮、虎之雄去争个高下了。中国的女性是有才华的，女排就是个榜样。但中国现在还缺少 Marie Curie 这样的女科学家，愿你踏踏实实地攀登。

Happy new year to you.

Your father 十二·二十七

→ 表彰、宣传罗健夫及其先进事迹的相关决定和通知

★★★★★

国务院关于授予赵春娥、罗健夫、蒋筑英为全国劳动模范的决定

各省、市、自治区人民政府，国务院各部

委、各直属机构:

河南省洛阳市老集煤厂工人赵春娥、航天工业部陕西骊山微电子公司工程师罗健夫、中国科学院长春光学精密机械研究所副研究员蒋筑英,是党和人民的好儿女,是工人阶级的杰出代表。他们在自己的工作岗位上,为我国社会主义现代化建设作出了卓越的贡献,是全体职工学习的榜样。为此,国务院决定:授予赵春娥、罗健夫、蒋筑英为全国劳动模范的称号,并分别颁发全国劳动模范奖章和证书。

国务院号召:全国各条战线的职工,向赵春娥、罗健夫、蒋筑英同志学习,为实现党的十二大提出的宏伟目标,全面开创社会主义现代化建设新局面而努力奋斗。

国务院

一九八三年二月十二日

航天部党组关于向罗健夫
同志学习的决定

骊山微电子公司工程师、共产党员罗健夫同志,是科技战线上一位优秀的共产主义战士。他为我国的航天事业呕心沥血，舍生忘死，无私地献出了毕生心血。他主持研制成功的 I 型、II 型图形发生器，填补了我国的空白，曾受到全国科学大会的奖励。多年来，他一面顽强地同疾病作斗争，一面争分夺秒地工作，顽强拼搏到生命的最后一息，在临终前还念念不忘尚未完成的科研项目。今年 6 月当癌症夺去他的生命时，他年仅 47 岁。他毫不利己，专门利人，把党的利益、国家的利益、人民的利益看得比什么都崇高，把个人的荣誉、待遇、职称、地位都置之度外，一生过着俭朴的生活。即使在生病住院和病危期间，也从不要求任何特殊照顾，死后还把遗体献给了祖国的医学事业。他用自己的一生实践了崇高理想：把整个的生命和全部精力，都贡献给世界上最壮丽的事业。他的事迹闪耀着共产主义思想的光辉。他是一位名副其实的共产主义战士，是我部知识分子的优秀代表，是航天工业战线上广大干部和群众的光辉榜样。部党组决定追认罗健夫同志为航天工业部优秀共产党员，并号召全体共产党员和广大科技人员、工人、干部向罗健夫同志学习。

当前，全党和全国人民正在学习、宣传十二大文件，贯彻十二大精神。高举共产主义旗帜，提高全体党员和广大职工的共产主义思想觉悟，是学习和贯彻十二大精神的重要内容和目的。我部各级党组织应结合学习十二大文件，大力宣传罗健夫同志的共产主义思想和实践，并号召共产党员和广大职工学习罗健夫同志为了实现共产主义崇高理想而顽强地学习、忘我地工作的精神；学习他毫不利己、专门利人的共产主义精神；学习他艰苦朴素的生活作风。用罗健夫同志的事迹作为生动教材，纠正对共产主义的种种糊涂认识。

向罗健夫同志学习与我部正在开展的向黄纬禄同志学习活动，它们的内容和目标是一致的，都是共产主义思想教育的具体措施。各单位应注意把两者有机地结合起来。同时，要注意发现、培养和宣扬本单位那些具有共产主义理想和道德，为国防科研事业作出成绩的先进典型，使以共产主义思想教育为核心的社会主义精神文明建设不断深入发展，以激励我部广大职工在十二大精神指引下，为完成大会提出的各项任务而共同奋斗，作出更多的贡献。

一九八二年九月

十六日

[转（ 82 ）航党字第 1095 号文件]

1982-1983年国内报刊关于罗健夫事迹的报道摘录

☆☆☆☆☆

罗健夫同志的献身精神

宋任穷

今年9月7日,《工人日报》介绍了陕西骊山微电子公司工程师罗健夫同志的先进事迹。这位优秀共产党员为共产主义而奋斗终身的思想和实践,光彩耀人，感人至深。

在国防科技战线上有许许多多无名英雄。他们不为名，不为利，在党和国家所分配的工作岗位上兢兢业业，埋头苦干，为我国的国防建设和科学技术事业贡献自己的青春，贡献自己的一生。罗健夫同志就是他们中间的一位杰出代表。

罗健夫同志始终把党和国家利益放在第一位，为填补我国航天工业的空白，刻苦钻研，忘我工作，直至生命的最后一息，做到了鞠躬尽瘁，死而后已。他始终把群众利益放在个人利益之上，事事处处想着群众，从不计较个人得失，做到了毫不利己，专门利人。他像春蚕一样吐尽银丝，像红烛一样燃尽自身，为党的事业奋斗了一生，贡献了一切。罗健夫同志短暂的一生闪耀着为共产主义而献身的精神。

我们的党是全心全意为群众谋利益的

党，党的最终目标是实现共产主义的社会制度。共产党员的天职就是全心全意为人民服务，为共产主义奋斗终生。我们党的性质决定了共产党员必须具有共产主义的献身精神。

这种献身精神，在革命战争年代需要，在和平建设时期同样需要；在危急的关头需要，在日常的工作、学习、生活中同样也需要。罗健夫同志是一位从事航天工业的工程师，战斗在平凡的工作岗位上，他以共产主义劳动态度对待工作，以共产主义道德对待他人，以共产主义思想指导全部生活，把自己的一言一行同实现共产主义的崇高理想紧密联系在一起。在全面开创社会主义现代化建设新局面的今天，罗健夫同志为我们树立了一个在平凡的工作岗位上为共产主义事业献身的光辉榜样。

党的十二大通过的党章，为适应社会主义现代化建设新时期的特点和要求，对党员提出了比过去历次党章更加严格的要求。在学习和贯彻新党章的过程中，共产党员特别是党员干部，要自觉对照罗健夫、赵春娥等优秀共产党员的革命思想和高尚品德，认真想一想：自己是不是一个合格的共产党员？还有哪些差距？应当怎样努力？经过学习，提高共产主义思想觉悟，加强共产主义道德修养，在实现十二大确定的宏伟目标的斗争中，充分发挥先锋模范作用，为党风的根本好转，进一步提高党组织的战斗力，贡献自己的力量。

（原载 1982 年 10 月 17 日《工人日报》）

向罗健夫同志学习什么？

《工人日报》社论

应广大读者的强烈要求，本报今天重新报道罗健夫同志的光辉事迹。

罗健夫不愧为中国工人阶级优秀的先锋战士。他的事迹，感人至深！他的形象，光彩耀人！他的心灵，闪烁着我们的时代精神——共产主义精神的光辉。

罗健夫是我们党亲手培育的一代新人的突出代表。他热爱党，热爱祖国，热爱社会主义，坚贞不渝；他忘我无私，鞠躬尽瘁，拼搏不息，为党的事业献出了自己的一切；他不为名，不为利，不计酬劳，不搞技术封锁，表现出社会主义科技工作者的高尚科研道德；他珍惜共产党人的品格，不失共产党员本色，自觉抵制各种低级趣味的诱惑，并以自己的模范行动促进社会主义精神文明的建设；他毫不利己，专门利人，严于责己，宽以待人，发扬了共产党人在建立新型人与人之间关系中应该具有的共产主义风格。

一个普普通通的共产党员、科技工作者，为什么能二三十年如一日，始终如一地保持共产主义的纯洁性？他那巨大的精神动力从哪里来的？来自共产主义的伟大理想，来自坚信这个理想必定实现的信念！

共产主义的理想和信念，是强大的精神力量，是催促他拼搏向上的巨大动力。有了这个理想和信念，才使他心胸博大。在十年动乱时期，能忍辱负重，不计个人恩怨，勇敢挑起重担，为国家作出了突出的贡献。有了这个理想和信念，才使他产生巨大的勇气、惊人的毅力，刻苦学习，埋头苦干，从一个研制图形发生器的"门外汉"变成这方面的专家，受到党和人民的鼓励；有了这个理想和信念，才使他始终保持共产党人廉洁奉公的高风亮节，面对"讲实惠"、"捞外快"、"走后门"、"一切向钱看"等歪风毫不动摇,奋起抗争,并使自己的思想升华到一个更高的境界。有了这种理想和信念,才使他在疾病和死亡面前,充满了革命乐观主义精神,表现了"特殊材料制成的"钢铁意志,剧痛忍得住,折磨视等闲,直到最后一息,还思虑工作,想着他人!在罗健夫同志身上最可宝贵的,就是在他认定共产主义的伟大目标以后,就用共产主义者的标准严格要求自己,坚定不移地、一步一个脚印地进行着共产主义实践,任何力量都不能使他改变方向或者停止脚步。

本报9月7日第一次报道罗健夫同志的事迹后引起的巨大反响,说明他所追求的理想和信念在读者中产生了强烈的共鸣,说明共产主义理想在广大职工中深入人心!由此,我们坚信:随着深入学习党的十二大文件,所谓"共产主义理想是遥远的,捞点实惠才是现实的"等等论调,由于它不识时代进程,违背社会潮流,只贪眼前近利,不讲远大抱负,必将遭到人们的摒弃!

党的十二大郑重提出："我们在建设高度物质文明的同时,一定要努力建设高度的社会主义精神文明。"社会主义精神文明的核心,是共产主义思想,对每一个同志来说,就是要首先树立共产主义的理想和信念。让我们以罗健夫为榜样,树立为共产主义而奋斗的崇高的生活目标,一点一滴地进行共产主义实践,以崭新的共产主义精神风貌为实现宏伟目标而英勇献身!

(原载 1982 年 11 月 5 日《工人日报》)

壮哉罗健夫 精神天地歌

王首道

偶然看到《工人日报》关于罗健夫事迹的报道,阅罢感慨不已! 我为我们的党、我们的知识分子队伍中有这样自觉的战士感到骄傲,也为我们的湖南同乡中出现了这样一位英雄而欣慰。

我相信：在我们的党里、我们的知识分子队伍中，罗健夫式的同志还有许许多多。《罗健夫》这篇报道生动有力地说明，我们党培育的知识分子政治质量是很高的，能人是很多的，他们不愧是我们实现"四化"的依靠力量。现在，我国同发达的国家相比，知识分子不算多。如果像个别人那样，对这个"不多"的依靠力量还百般挑剔、求全责备，不信任他们，不放手使用他们，甚至认为脑力劳动不是艰巨的劳动，那么十二大提出"翻两番"的宏伟目标就有可能落空！

我们搞四化，还有许多困难。克服困难靠两条：一靠政策，二靠技术。搞现代化，不依靠这些信得过的知识分子怎么行？有的同志对"翻两番"信心不足，这不好。我们的信心在哪里？就在党的政策正确上，在工农大众身上，也在千千万万罗健夫式的知识分子身上。

党的十一届三中全会以来，我们的形势总的趋势是向上的。当年我们在井冈山，八方受敌，围困重重，而红色政权却能存在，什么道理？一条重要的原因就是革命的总趋势是向上的。现在也是这样。趋势是向上的，政策是正确的，再加上有全国工人、农民、知识分子的齐心协力，特别是有像罗健夫这样一大批党的忠诚战士，我们的胜利就有了可靠的保证！

当此，特赋小诗一首：

壮哉罗健夫，精神天地歌，

路阔光明大，人杰锦绣多！

（原载 1982 年 11 月 9 日《工人日报》）

罗健夫—— 一个纯粹的人

航天工业部原部长　张　钧

优秀共产党员罗健夫同志，是我们航天工业战线许多英雄模范人物的一个突出代表。他把自己的全部精力和整个生命，无私地献给了伟大的共产主义事业。他的光辉事迹，闪烁着我们时代的精神。他的一言一行，证明他是一个纯粹的人，一个高尚的人，一个有道德的人，一个脱离了低级趣味的人，一个有益于人民的人。

罗健夫同志是共产主义事业的忠诚战士。他为了祖国的现代化建设事业，呕心沥血，鞠躬尽瘁，奋斗到生命的最后一息。他的献身精神，来自于他对共产主义的坚贞信仰，对党、对人民、对祖国的真诚热爱，对本职工作的高度事业心和责任感。他所处的是平凡的岗位，他所从事的是平凡的工作，他的业绩并不惊天动地。但是，我们正是从那些不起眼的小事上，看到他忘我无私、廉洁奉公、毫不利己、专门利人的高尚品德。他时时处处严格要求自己，总是从我做起，从现在做起，从一点一滴做起。他生活在群众之中，他碰到的问题，正是人们经常碰到的。在我们日常的生活中，有些"小"节，说起来容易，做起来难。而他能做到的，正是有些人难以做到的。在对待分配住房、调整工资、评定职称、晋升职务、派遣出国等问题上，他首先想到的是国家，是集体，是同志，唯独没有自己。他的奋斗，不是为了换取社会给他的报酬，而是把自己的一切无条件地献给党的事业。这就是一个纯粹的人的思想境界。这种思想境界，和那些"按酬付劳"、沽名钓誉、"一切向钱看"的思想和行为，是多么鲜明的对照！

罗健夫同志是向科学进军的英勇战士，他不愧为党培养起来的又红又专的中年知识分子的优秀代表，不愧为科技工作者学习的典范。社会主义的科学事业，属于人民，造福人民。作为一个科学工作者，罗健夫同志把自己的全部聪明才智贡献给了人民，在研制图形发生器，填补国内这项空白的过程中，履行了全心全意为人民服务的崇高职责。科学是人类的共同财富，它同一切投机取巧、唯利是图、自私自利的行径是格格不入的。罗健夫同志正是在科学实践中，陶冶了崇高的思想情操，培养了高尚的科研道德，以自己的行动，鞭笞着各种争名争利、损人利己的丑恶思想和行为。

罗健夫同志是维护党风党纪的坚强战士。执政党的党风关系到党的生死存亡。如何对待这个问题，对每一个共产党员都是严峻的考验。罗健夫同志用自己的实际行动作了很好的回答。对于请客送礼、"走后门"、"关系户"之类的不正之风，他在思想上鄙视它，在行动上抵制它。对一切违背党的利益，违犯党的纪律的行为，他能出以公心，坚持原则，敢于斗争。这种精神对于实现党风的根本好转是十分可贵的。

罗健夫同志一生甘当"孺子牛"，他吃的是"草"，挤出的是"奶"。他去世后没有给家人留下什么遗产，却给我们留下了宝贵的精神财富。

罗健夫同志的事迹在报纸上发表以来，在广大群众中引起了强烈的反响，许多行业、部门的干部群众，都在开展向罗健夫同志学习的活动。作为罗健夫同志生前所在的航天工业部，我们更应该把学习罗健夫同志的活动，扎扎实实地深入开展下去，以罗健夫同志的事迹为教材，在建设社会主义物质文明和精神文明中，培养和造就更多的罗健夫式的英雄模范人物，为发展我国的航天工业，为实现党的十二大提出的宏伟目标，作出新的贡献。

（原载 1982 年 11 月 10 日《工人日报》）

痛惜之余的愿望

胡乔木

一个多月以来，《光明日报》几乎每天登载着模范党员、吉林长春光学精密机械研究所副研究员蒋筑英同志的事迹和纪念他的文章，《工人日报》几乎每天登载着模范党员、陕西骊山微电子公司工程师罗健夫同志的事迹和纪念他的文章。这两位同志，一位 6 月 15 日在成都去世，终年仅 43 岁。一位 6 月 16 日在西安去世，终年仅 47 岁。方毅同志、倪志福同志和其他同志，还有一些重要的党组织，都已经写了文章或作了决议，号召大家向他们两位学习。确实，这两位同志的事迹，同在他们先后去世的模范共产党员赵春娥、张华等同志的事迹一样，太令人感动了。我想，绝大多数读者，读了介绍和纪念他们的文章，很难不流下泪来。我们党有多么高尚圣洁的党员，我国人民有多么忠贞坚毅的儿女,他们的伟大品质叫人简直难以相信!

这是我们党和我国人民的光荣和骄傲,也是

我党和我国人民一定能够实现党的十二大所

提出的宏伟目标的保证。同时,损失了他们,

损失了对祖国作出了如此多的重大贡献而又

刚走在生命中途的他们,又多么叫人难过!

我们活着的同志要多么努力,才能弥补他们

的不幸的过早的死亡所造成的损失!

　　我现在既不必要、也不能够和忍心重新

叙述他们的事迹和品质,这些已经有了很详

细的报道,请读者找《光明日报》和《工人

日报》去看(主要是 10 月 10 日《光明日报》

的《为中华崛起而献身的光辉榜样》和 11

月 5 日《工人日报》的《罗健夫》)好了。我

只想在痛惜之余,说出几点愿望。

　　首先,当然是希望大家(不限于知识分子,

而是一切党员、团员,一切觉悟的青年和觉

悟的劳动者)都向他们学习,特别是希望那

些至今对知识分子还有某种不信任感、不敢推心置腹的人们，以及那些一味争名夺利，甚至对社会主义祖国至今还三心二意，羡慕资本主义"天堂"的人们，多读读他们的事迹。他们所做的一切，有许多是一般人所不容易做到的。他们是科学专家，是我国科学发达和经济振兴的主要希望所寄，他们不断苦学得来的达到世界水平的专门知识不是人人轻易能够掌握的。但是他们对社会主义祖国、对共产主义信念的坚韧不拔的忠诚（这种忠诚无论他们在身处逆境和身处顺境的时候都始终没有变化）；他们全心全意地为着人民的和别人的利益着想，一贯地吃苦在前，享受在后；完全不计较个人的名利；只要是祖国和人民向他们提出的科学、技术问题，不管是份内的和份外的，不管是他们原来学过还是没有学过的，他们都勇敢而顽强地努力钻研，他们一贯地不知道疲倦、忘记了饥渴病痛地劳动。这些高贵的品质，却是任何一个共产主义者和任何一个爱国志士（我们不要忘记，蒋筑英同志虽然生前填了入党申请书，即使死后才被吉林省委追认为正式党员的）所能够和应该学习的。即使我们每个人只能学习到他们所做到的一半的程度，汇合起来，也就是一股了不得的力量，足以战胜我们前进道路上的一切困难和障碍。

其次，我想说，希望一切先进分子所在机构中的党组织、每个党员以至每个正直的公民能够更多地更好地关心这些先进的人们。确实，除了在那个使我们大家都痛苦的时期以外，我们不能过多地责怪长春光机所和骊山微电子公司没有照顾好蒋筑英和罗健夫。但是痛定思痛，我们仍然不能不想到，在这些方面未必没有许多欠缺。我们为什么不能更早地注意到他们的病情，在来得及的时候挽救他们的生命呢？我们为什么不能更多地采取一些严格的"强制措施"，让他们得到稍为好一些的工作和生活的条件，得到比较接近于必要的休息呢？人啊，共产党员啊，你们没有权利对周围的人和事冷漠敷衍。就说蒋筑英吧，已经经过了这样长久的考验，难道他入党的志愿，也一定要等到死后才能由省委的追认而满足么？当然，我并不了解这两个党组织对这两位同志关系中的细节，但是也正因为我没有机会看到这两个党组织的有关说明，我不能不作为假定提出这个问题。我的愿望不是单对着这两个机构说的，也不是单对着中年知识分子说的，我是对着我们党的一切组织和全体爱国公民说的。无论在什么岗位上，到处都有先进分子，到处都有最可爱的人。让我们尽可能地不要到他们死后才想起学习他们和表示我们对他们没有多加照顾的痛悔吧！

第三，我也想对活着的蒋筑英、罗健夫等同志说几句话。共产党员是一不怕苦、二不怕死的，是随时随地准备着为了共产主义事业的利益，为了社会主义祖国的利益，为了10亿人民的利益而牺牲自己的一切的。我们不是那种认为一个大学生"不值得"为一个农民的生命而牺牲自己的人，那样的人，如果是在别的岗位上，当然也不会冒死去抢救一个小学生，或者同一个甚至几个拿着凶器图谋犯罪的歹徒格斗。这是事情的一方面。但是事情还有另外一个方面。我想，蒋筑英和罗健夫都并不是必然要死（我不懂医学，不知道罗健夫同志所患的"低分化恶性淋巴瘤"和蒋筑英同志所患的多种凶险疾病能不能在早期治愈，这里是假定能够）。如果他们还健康地活着，尽管报纸上不会这样大量地表扬他们，但是他们却能够为祖国和人民作出更多更重大的贡献，这是毫无疑问的。我们经常提倡自我牺牲，但这不是说一个共产党员或先进分子的生命和健康就不重要。生命和健康，这是我们战胜一切敌人而建设伟大的社会主义祖国的资本，它们不属于我们个人而是属于祖国和人民的，对于党员，就是属于党的。我们反对借口保护自己的生命和健康而损公利私，贪生怕死，但是有了病，特别是有了严重的病，还是要治，并且要治好。这好比打仗，打仗一定要不怕死，但是也一定要尽量争取少死，受了伤，只要有可能，还是要争取治愈重返前线。共产主义者不是苦行僧，我们的自我牺牲的目的不是死亡而是生存，不是自己（更不必说别人）的痛苦，而是人民（当然也包括自己）的幸福。除了不可避免的死亡以外，我们只有用自我牺牲的精神活着、奋斗着，才能带领人民一起去胜利地实现共产主义的崇高理想。

末了，我还有一点愿望，是关于新闻界的。《工人日报》用大量的篇幅来介绍航天工业部的工程师罗健夫同志，这证明《工人日报》确是忠于党中央的政策，把知识分子和工人一样看做是社会主义的依靠力量。《工人日报》和《光明日报》各自发挥了自己的专长，这也是一件好事。不过就我有限的见闻所及，除了 11 月 16 日《人民日报》第四版登过一篇《吉林省委决定开展向蒋筑英学习活动》和新华社播发的《许多读者投书〈工人日报〉表示学习罗健夫的共产主义献身精神》，《解放军报》同日发表了关于学习罗健夫的一篇本报讯，吉林、陕西两地的报纸也分别作了有关的大量报道以外，其他报纸似乎都很少涉及这样两位有全国意义的模范人物。分工分到这样"专门"的程度，不免使人们感到惋惜。《光明日报》和《工人日报》虽然都拥有大量读者，范围究竟比较有限，这就使得全国很多人至今还不了解蒋筑英、罗健夫这两位模范党员的丰功和美德，不了解他们艰苦奋斗的历程。我因此希望我们的报纸、通讯社、广播电台和电视台，不要这样过分地井水不犯河水，好让大批读者、听众和观众更容易知道尽可能多的事实，得到他们所需要得到的教育。

（原载 1982 年 11 月 29 日《人民日报》）

国防科工委决定开展向罗健夫学习的活动

国防科工委最近作出决定，要求所属系统开展向优秀科技工作者罗健夫同志学习的活动。

47 岁的罗健夫是航天工业部陕西骊山微电子公司工程师，因患淋巴癌于今年 6 月不幸去世。他生前主持研制成功的图形发生器，为发展大规模集成电路填补了一项关键技术的空白，荣获全国科学大会奖。他顽强地同疾病作斗争，争分夺秒地工作，拼搏到生命的最后一息。航天工业部、陕西省人民政府分别追授他"优秀共产党员"和"特等劳动模范"的光荣称号。

国防科工委的决定，要求所属系统的广大科研人员和职工学习罗健夫同志勤勤恳恳，忘我工作，鞠躬尽瘁，死而后已的共产主义献身精神；学习他不图名利、不计报酬，把方便、实惠、荣誉、地位让给别人的共产主义劳动态度和高尚的职业道德；学习他处处为国家分忧，事事为人民着想，毫不利己，专门利人，艰苦朴素，廉洁奉公的革命情操，保持共产党员的纯洁。

国防科工委的决定，号召国防科技、国防工业战线各级党组织和政治机关，广泛深入地宣传罗健夫同志的光辉思想和模范事迹，积极开展建设社会主义精神文明的活动，为贯彻党的十二大精神，开创国防科技、国防工业的新局面作出更大的贡献！

（原载 1982 年 12 月 2 日《人民日报》）

信念的力量

宋振庭

夜深了，四周一片静谧。柔和的台灯光下，报纸上蒋筑英、罗健夫的肖像，用其睿智的目光凝视着我，似乎在问：同志，你在想什么？

我仿佛又陷入在学生时代遇到老师冷然提问时的窘境。我想的太多了，一时回答不清，然而这又是应该回答而且必须回答的问题。我垂下头去。

我在吉林省工作期间，同蒋筑英同志所在的光机所有工作联系。我多次看过他们制造出来的高、精、尖的光学仪器，我曾为之赞叹，为之兴奋，为之鼓舞，为之自豪，但是遗憾的是，我不曾同这位为事业付出毕生心血的蒋筑英同志谋过一面，不曾握一次他的手，不曾向他致过一句慰问，我深深地感到惭愧。

蒋筑英、罗健夫，多好的同志啊！你们想要为祖国献出的——知识和力量，你们已经全部贡献了；你们不想向人民索取的——光荣的名誉，人民理所当然地奉赠给了你们。你们生活的时间不算长，尤其是有效的工作时间那么短暂，然而你们的生命却迸发出灿烂的光辉！人生的价值是不能以久暂来衡量的。你们没有辜负党和人民的培育，你们没有虚度年华，没有碌碌无为，你们把自己的一生都贡献给壮丽的共产主义事业，给我们全体共产党员和人民昭示了楷模，你们可以毫无惭愧地安息了。

当感情的潮水渐渐平静下来时，人们自然要想：是一种什么力量支持着这两位同志自强不息地拼搏了一生？我读过报上所有报道后，得出一个结论：信念，坚定的信念！我为纪念张志新烈士写过一篇文章，标题是《唯真知出大勇》，蒋、罗两同志虽然和张志新经历不同，为革命事业作出贡献的角度不同，但都有一个共同点，那就是在他们全部生涯中，贯穿着一个坚定的信念——为社会主义祖国的繁荣昌盛而生，而工作和奋斗，而死。

蒋筑英、罗健夫两同志在十年动乱期间，都曾遭到过不同程度的不公正的待遇。可贵而难能的是，他们自幼接受党的教育树立起来的共产主义信念丝毫不曾动摇。"亦余心之所善兮，虽九死其犹未悔"（屈原语），"零落成泥碾作尘，只有香如故"（陆游语），这种中国知识分子的高贵品质，传到蒋筑英、罗健夫身上，又赋予了共产主义的全新的内容。

用鲁迅的话说，他们吃的是草，挤出的是奶，流出的是血。

请看：蒋筑英同志与其爱人路长琴同志定情的赠品仅仅是四尺蓝布！他生活在我们同时代，用的一直是一只老怀表。直到二十世纪七十年代最后一年，他才第一次穿上的确良衣服，而且是弟弟送的！要知道，这是才华横溢的高级知识分子，是有重大贡献的科学家啊！我不知道一些青年同志谈到这些作何感想，我却流泪了。

请看：罗健夫同志在事业上作出不同一般的贡献后，拒绝高级工程师的头衔，谢绝调工资，不要好住房，把出国的机会让给他人。在癌症危及生命时，他想的是充分利用每分每秒时间安排工作，不坐汽车，不要沙发，甚至住房也怕给将来的房客带来不舒服。要知道，以他的贡献他本可以要求更好的待遇，然而他却说："我现在的任务就是少麻烦人。"我不知道一些总爱因待遇问题发牢骚的同志读到这些作何感想，我却流泪了。

我不知道世界上其他国家和民族有无如此优秀的知识分子，大概总会有的吧。但我仍要为我们的蒋筑英、罗健夫感到骄傲，为我们的党和祖国培养出如此优秀的人才而感到骄傲，同时也为许多活着的、同蒋、罗两同志一样为四化事业奋战的知识分子感到骄傲。我国的知识分子的大多数，都有一种坚韧不拔、刻苦钻研、严于律己、一心为国的高尚精神，并且在长期革命和建设过程中同共产党建立了血肉联系。我们的祖国还很贫穷，不能给他们更好些的待遇，但是他们对祖国永远一往情深，为之呕心沥血，直至献出生命。蒋、罗二同志就是典型代表，他们的品质，是人类良心的结晶。这两位同志同一切先辈革命者一样，是中国的脊梁。达两位同志的出现，本身就昭示一条真理：中华民族一定会繁荣昌盛，黄帝子孙一定要在世界东方建立起强大的社会主义国家，四化事业必定成功。

愿活着的蒋筑英、罗健夫们和党和人民一道，继先驱者的遗志，为我们的共产主义事业继续奋斗。

（原载 1982 年 12 月 3 日《工人日报》）

后 记

不凋的鲜花

2007 年，罗健夫逝世 25 周年之际，他生前所工作的单位 771 研究所为他塑像，号召新一代航天科技工作者学习罗健夫忘我工作、勇于攻关的精神。在祖国国防科技战线上有许许多多的科研工作者，他们不为名，不为利，在自己的岗位上兢兢业业，埋头苦干，为祖国国防建设和科学技术事业贡献自己的青春，甚至生命，罗健夫就是他们中间的一位杰出代表。

2011 年 11 月 17 日，神舟八号飞船圆满完成与天宫一号目标飞行器两次交会对接使命，平安降落在内蒙古四子王旗主着陆场，这标志着天宫一号与神舟八号交会对接任务圆满成功。在此举国欢庆的时刻，不禁让我们再次想起罗健夫这位英年早逝的航天人。

三十多年前，罗健夫在一无图纸、二无资料、三无样机的情况下，和同志们通过艰苦攻坚终于研发成功图形发生器，填补了国家空白。他一生奋斗求索不是为了换取好房子、高工资、高职称，也不是为了当官，而是将自己无条件地献给祖国的科学事业。正如罗健夫自己说的：我是一个共产党员，我所做的都是我应该做的，而且还没做好。

罗健夫用自己短暂的47年生命诠释了"自力更生，艰苦奋斗，大力协同，无私奉献，严谨务实，勇于攀登"的航天传统精神。作为图形发生器的研制者，罗健夫虽然已经去世28年，但是他身上所凝聚的航天传统精神却薪火传承。罗健夫对本职工作的高度事业心和责任感，为航天科研事业奋斗终生的精神，仍然是今天航天事业发展不可或缺的宝贵精神财富。

罗健夫写给弟弟罗煜夫的一封信中曾工整地摘抄下《钢铁是怎样炼成的》书中保尔·柯察金的一段话：

"人最宝贵的是生命，生命属于我们只有一次。人的一生应当这样度过：当回忆往事的时候，他不因虚度年华而悔恨，也不因碌碌无为而羞愧。在临死的时候，他能够说："我的整个生命和全部精力，都已献给世界上最壮丽的事业——为人类的解放而斗争。"

短短的几句话，虽然是罗健夫摘抄给弟弟的，但却也是他自己一生的信念和追求，他用自己短暂的一生来实践着。

/100位

新中国成立以来感动中国人物 /

丁晓兵　马万水　马永顺　马恒昌　马海德　中国女排五连冠群体

孔祥瑞　　孔繁森　　文花枝　　方永刚　　方红霄　　毛岸英

王　杰　　王　选　　王　瑛　　王乐义　　王有德　　王启民

王进喜　　王顺友　　邓平寿　　邓建军　　邓稼先　　丛　飞

包起帆　　史光柱　　史来贺　　叶　欣　　甘远志　　申纪兰

白芳礼　　任长霞　　刘文学　　刘英俊　　华罗庚　　向秀丽

廷·巴特尔　许振超　　达吾提·阿西木　　邢燕子　　吴大观

吴仁宝　　吴天祥　　吴金印　　吴登云　　宋鱼水　　张　华

张云泉　　张秉贵　　张海迪　　时传祥　　李四光　　李春燕

李桂林和陆建芬夫妇　李素芝　　李梦桃　　李登海　　杨利伟

杨怀远　　杨根思　　苏　宁　　谷文昌　　邰丽华　　邱少云

邱光华　　邱娥国　　陈景润　　麦贤得　　孟　泰　　孟二冬

林　浩　　林巧稚　　林秀贞　　欧阳海　　罗映珍　　罗健夫

罗盛教　　草原英雄小姐妹　　赵梦桃　　钟南山　　唐山十三农民

容国团　　徐　虎　　秦文贵　　袁隆平　　钱学森　　常香玉

黄继光　　彭加木　　焦裕禄　　蒋筑英　　谢延信　　韩素云

窦铁成　　赖　宁　　雷　锋　　谭　彦　　谭千秋　　谭竹青

樊锦诗

图书在版编目（CIP）数据

罗健夫 / 云莉，王新英编著. -- 长春：吉林文史出
版社，2012.6（2022.4重印）
（100位新中国成立以来感动中国人物）
ISBN 978-7-5472-1102-1

Ⅰ．①罗… Ⅱ．①云… ②王… Ⅲ．①罗健夫－
1935～1982－生平事迹－青年读物②罗健夫－1935～1982－
生平事迹－少年读物 Ⅳ．①K826.16-49

中国版本图书馆CIP数据核字(2012)第136004号

罗健夫

LUOJIANFU

编著/ 云莉 王新英

选题策划/ 王尔立　责任编辑/ 王尔立 李洁华 马华 任玉茗
装帧设计/韩璘
出版发行/吉林文史出版社
地址/ 长春市福祉大路5788号　邮编/ 130118
电话/ 0431-81629363　传真/ 0431-86037589
印刷/天津海德伟业印务有限公司
版次/ 2012年8月第1版 2022年4月第4次印刷
开本/ 640mm×920mm　1/16
印张/ 9 字数/ 100千
书号/ ISBN 978-7-5472-1102-1
定价/ 29.80元